पुराण साहित्य भारतीय साहित्य और जीवन की अक्षुण्ण निधि। इनमें मानव जीवन के उत्कर्ष और अपकर्ष की अनेक गाथाएं मिलती है। अठारह पुराणों में अलग-अलग देवी-देवताओं को केन्द्र में रखकर पाप और पुण्य, धर्म और अधर्म, कर्म और अकर्म की गाथाएं कही गई है। इस रूप में पुराणों का पठन और आ जीवन की सीमा में मूल्यों की स्थापना आज के मनुष्य को एक निश्चित दिशा दे सकता है।

निरन्तर द्वंद्व और निरन्तर द्वंद्व में का प्रयास मनुष्य की संस्कृति का मूल आधार है। पुराण हमें आधार देते है। इसी उद्देश्य को लेकर पाठकों की रुचि के अनुसार सरल, सहज भाषा में प्रस्तुत है पुराण-साहित्य की श्रृंखला में **'नारद पुराण'**।

नारद पुराण

डॉ. विनय

डायमंड बुक्स

प्रकाशक: **डायमंड पॉकेट बुक्स (प्रा.) लि.**
X-30 ओखला इंडस्ट्रियल एरिया, फेज-II
नई दिल्ली- 110020
फोन : 011-40712200
ई-मेल : sales@dpb.in
वेबसाइट: www.diamondbook.in
मुद्रक : रेप्रो इंडिया

NARAD PURAN
By – *Dr. Vinay*

प्रस्तावना

भारतीय जीवन- धारा में जिन ग्रंथों का महत्वपूर्ण स्थान है उनमें पुराण भक्ति ग्रंथों के रूप में बहुत महत्वपूर्ण माने जाते हैं। पुराण-साहित्य भारतीय जीवन और साहित्य की अक्षुण्ण निधि है। इनमें मानव जीवन के उत्कर्ष और अपकर्ष की अनेक गाथाएं मिलती हैं। भारतीय चिंतन-परंपरा में कर्मकांड युग, उपनिषद युग अर्थात् ज्ञान युग और पुराण युग अर्थात् भक्ति युग का निरंतर विकास होता हुआ दिखाई देता है। कर्मकांड से ज्ञान की ओर आते हुए भारतीय मानस चिंतन के ऊर्ध्व शिखर पर पहुँचा और ज्ञानात्मक चिंतन के बाद भक्ति की अविरल धारा प्रवाहित हुई।

विकास की इसी प्रक्रिया में बहुदेववाद और निर्गुण ब्रह्म की स्वरूपात्मक व्याख्या से धीरे- धीरे भारतीय मानस अवतारवाद या सगुण भक्ति की ओर प्रेरित हुआ। पुराण साहित्य सामान्यतया सगुण भक्ति का प्रतिपादन करता है। यहीं आकर हमें यह भी मालूम होता है कि सृष्टि के रहस्यों के विषय में भारतीय मनीषियों ने कितना चिंतन और मनन किया है। पुराण साहित्य को केवल धार्मिक और पुरा कथा साहित्य कहकर छोड़ देना उस पूरी चिंतन- धारा से अपने को अपरिचित रखना होगा जिसे जाने बिना हम वास्तविक रूप में अपनी परंपरा को नहीं जान सकते।

परंपरा का ज्ञान किसी भी स्तर पर बहुत आवश्यक होता है, क्योंकि परंपरा से अपने को संबद्ध करना और तब आधुनिक होकर उससे मुक्त होना बौद्धिक विकास की एक प्रक्रिया है। हमारे पुराण-साहित्य में सृष्टि की उत्पत्ति एवं उसका विकास मानव उत्पत्ति और फिर उसके विविध विकासात्मक सोपान इस तरह से दिए गए हैं कि यदि उनसे चमत्कार और अतिरिक्त विश्वास के अंश ध्यान में न रखे जाए तो अनेक बातें बहुत कुछ विज्ञान सम्मत भी हो सकती हैं। क्योंकि जहां तक सृष्टि के रहस्य का प्रश्न है विकासवाद के सिद्धांत के बावजूद और वैज्ञानिक जानकारी के होने पर भी वह अभी तक मनुष्य की

बुद्धि के लिए एक चुनौती है और इसलिए जिन बातों का वर्णन सृष्टि के संदर्भ में पुराण-साहित्य में हुआ है उसे एकाएक पूरी तरह से नकारा नहीं जा सकता।

महर्षि वेदव्यास को इन 18 पुराणों की रचना का श्रेय है। महाभारत के रचयिता भी वेदव्यास ही हैं। वेदव्यास एक व्यक्ति रहे होंगे या एक पीठ यह प्रश्न दूसरा है और यह बात भी अलग है कि सारे पुराण कथा-कथन शैली में विकासशील रचनाएं हैं। इसलिए उनके मूल रूप में परिवर्तन होता गया लेकिन यदि ध्यानपूर्वक देखा जाए तो ये सारे पुराण विश्वास की उस भूमि पर अधिष्ठित हैं जहां ऐतिहासिकता, व भूगोल का तर्क उतना महत्वपूर्ण नहीं रहता जितना उसमें व्यक्त जीवन-मूल्यों का स्वरूप। यह बात दूसरी है कि जिन जीवन-मूल्यों की स्थापना उस काल में पुराण-साहित्य में की गई वे हमारे आज के संदर्भ में कितने प्रासंगिक रह गए हैं? लेकिन साथ में यह भी कहना होगा कि धर्म और धर्म का आस्थामूलक व्यवहार किसी तर्क और मूल्यवता की प्रासंगिकता की अपेक्षा नहीं करता। उससे एक ऐसा आत्मविश्वास और आत्मलोक जन्म लेता है जिससे मानव का आंतरिक उत्कर्ष होता है और हम कितनी भी भौतिक और वैज्ञानिक उन्नति कर लें अंतत: आस्था की तुलना में यह उन्नति अधिक देर नहीं ठहरती। इसलिए इन पुराणों का महत्त्व तर्क पर अधिक आधारित न होकर भावना और विश्वास पर आधारित है और इन्हीं अर्थों में इसका महत्व है।

जैसा कि हमने कहा कि पुराण-साहित्य में अवतारवाद की प्रतिष्ठा है। निर्गुण निराकार की सत्ता को मानते हुए सगुण साकार की उपासना का प्रतिपादन इन ग्रंथों का मूल विषय है। 18 पुराणों में अलग- अलग देवी देवताओं को केन्द्र में रखकर पाप और पुण्य, धर्म और अधर्म तथा कर्म और अकर्म की गाथाएं कही गई हैं। उन सबसे एक ही निष्कर्ष निकलता है कि आखिर मनुष्य और इस सृष्टि का आधार-सौंदर्य तथा इसकी मानवीय अर्थवत्ता में कहीं-न-कहीं सद्गुणों की प्रतिष्ठा होनी ही चाहिए। आधुनिक जीवन में भी संघर्ष की अनेक भावभूमियों पर आने के बाद भी विशिष्ट मानव मूल्य अपनी अर्थवता नहीं खो सकते। त्याग, प्रेम, भक्ति, सेवा, सहनशीलता आदि ऐसे मानव गुण हैं जिनके

अभाव में किसी भी बेहतर समाज की कल्पना नहीं की जा सकती। इसीलिए भिन्न-भिन्न पुराणों में देवताओं के विभिन्न स्वरूपों को लेकर मूल्य के स्तर पर एक विराट आयोजन मिलता है। एक बात और आश्चर्यजनक रूप से पुराणों में मिलती है कि सत्कर्म की प्रतिष्ठा की प्रक्रिया में अपकर्म और दुष्कर्म का व्यापक चित्रण करने में पुराणकार कभी पीछे नहीं हटा और उसने देवताओं की कुप्रवृत्तियों को भी व्यापक रूप में चित्रित किया है लेकिन उसका मूल उद्देश्य सद्भावना का विकास और सत्य की प्रतिष्ठा ही है।

कलियुग का जैसा वर्णन पुराणों में मिलता है, आज हम लगभग वैसा ही समय देख रहे हैं। अत: यह तो निश्चित है कि पुराणकार ने समय के विकास में वृत्तियों को और वृत्तियों के विकास को बहुत ठीक तरह से पहचाना। इस रूप में पुराणों का पठन और आधुनिक जीवन की सीमा में मूल्यों का स्थापन आज के मनुष्य को एक दिशा तो दे सकता है क्योंकि आधुनिक जीवन में अंधविश्वास का विरोध करना तो तर्कपूर्ण है लेकिन विश्वास का विरोध करना आत्महत्या के समान है।

प्रत्येक पुराण में हजारों श्लोक हैं और उनमें कथा कहने की प्रवृत्ति तथा भक्त के गुणों की विशेषपरक अभिव्यक्ति बार-बार हुई है, लेकिन चेतन और अचेतन के तमाम रहस्यात्मक स्वरूपों का चित्रण पुनरुक्ति भाव से होने के बाद भी बहुत प्रभावशाली हुआ है और हिन्दी में अनेक पुराण यथावत लिखे गए। फिर यह प्रश्न उठ सकता कि हमने इस प्रकार पुराणों का लेखन और प्रकाशन क्यों प्रारंभ किया। उत्तर स्पष्ट है कि जिन पाठकों तक अपने प्रकाशन की सीमा में अन्य पुराण नहीं पहुँचे होंगे हम उन तक पहुँचाने का प्रयास करेंगे और इस पठनीय साहित्य को उनके सामने प्रस्तुत कर जीवन और जगत् की स्वतंत्र धारणा स्थापित करने का प्रयास कर सकेंगे।

हमने मूल पुराणों में कही हुई बातें और शैली यथावत स्वीकार की है और सामान्य व्यक्ति को भी समझ में आने वाली भाषा का प्रयोग किया है। किंतु जो तत्त्वदर्शी शब्द हैं उनका वैसा ही प्रयोग करने का निश्चय इसलिए किया गया कि उनका ज्ञान हमारे पाठकों को उसी रूप में हो।

हम आज के जीवन की विडंबनापूर्ण स्थिति के बीच से गुजर रहे हैं। हमारे बहुत सारे मूल्य खंडित हो गए हैं। आधुनिक ज्ञान के नाम पर विदेशी चिंतन का प्रभाव हमारे ऊपर अधिक हावी हो रहा है इसलिए एक संघर्ष हमें अपनी मानसिकता से ही करना होगा कि अपनी परंपरा जो अलीम गृहणियाँ है, मूल्य परक है उस पर फिर से लौटना होगा। साथ में तार्किक विदेशी ज्ञान भंडार से भी अपरिचित रहना होगा- क्योंकि विकल्प में जो कुछ भी हमें दिया है वह आरोहण और नकल के अतिरिक्त कुछ नहीं। मनुष्य का मन बहुत विचित्र है और उस विचित्रता में विश्वास और विश्वास का द्वंद्व भी निरंतर होता रहता है। इस द्वंद्व से परे होना ही मनुष्य जीवन का ध्येय हो सकता है। निरंतर द्वंद्व और निरंतर द्वंद्व से मुक्ति का प्रयास- मनुष्य की संस्कृति के विकास का यही मूल आधार है। हमारे पुराण हमें आधार देते हैं और यही ध्यान में रखकर हमने सरल. सहज भाषा में अपने पाठकों के सामने पुराण-साहित्य प्रस्तुत करने का प्रयास किया है। इसमें हम केवल प्रस्तोता हैं, लेखक नहीं। जो कुछ हमारे साहित्य में है उसे उसी रूप में चित्रित करते हुए हमें गर्व का अनुभव हो रहा है।

'डायमंड पॉकेट बुक्स' के श्री नरेन्द्र कुमार जी के प्रति हम बहुत आभारी हैं कि उन्होंने भारतीय धार्मिक जनता को अपने साहित्य से परिचित कराने का महत् अनुष्ठान किया है। देवता एक भाव संज्ञा भी है और आस्था का आधार भी। इसलिए वह हमारे लिए अनिवार्य है और यह पुराण उन्हीं के लिए हैं जिनके लिए यह अनिवार्य है।

-डॉ. विनय

नारद पुराण का महत्त्व

नारद पुराण परम पुनीत सर्व कष्ट निवारक, सर्व सुख प्रदाता पुराण है। इस परम पुनीत पुराण में प्रवृत्ति और निवृत्ति का सार गर्भित एवं विस्तृत विवेचन किया गया है वैसा अन्य जगह मिलना दुर्लभ है।

यह पुराण नैमिषारण्य में एक बहुत बड़े सम्मेलन से शुरू हुआ है। इस सम्मेलन में मुख्यत: चार विषयों पर गम्भीर विचार हुआ जैसे पृथ्वी पर कौन-कौन-से क्षेत्र पवित्र हैं..., विष्णु के चरणों में अनन्य भक्ति पाने का सरल उपाय.... आदि। महर्षि शोनक ने सुझाया महाराज सूतजी सर्वश्रेष्ठ पौराणिक प्रवक्ता हैं। इसलिए समस्या का समाधान सूतजी ही कर सकते हैं। सूतजी ने बड़ी शान्ति से जिज्ञासाओं की प्रश्नावली सुनकर इन सभी शंकाओं का निराकरण करने के लिए नारद पुराण को सुनाया। यह पुराण सभी पापों को नाश करने वाला है। दु:स्वप्न की चिन्ता का निवारण करने वाला है, धर्म, अर्थ, काम, मोक्ष का हेतुरूप है।

यह पुराण परम गोपनीय है साथ ही यह केवल श्रद्धालु एवं निष्ठावान भक्तों के लिए ही प्रयोग योग्य है। इसका वाचन किसी पवित्र स्थान पर होना चाहिए। यह मूल रूप से वैष्णव प्रकृति व प्रवृत्ति का पुराण है।

इसे दो खण्डों में विभाजित किया है। प्रथम खंड के शुरुआत में इसमें ब्रह्माजी के चार मानस पुत्र सनक, सनंदन, सनातन तथा संतकुमार की कथा है। जिसमें उन्होंने नारद जी से कुछ शंकाओं का निवारण करने के लिए प्रार्थना की। इसके बाद उन्होंने मार्कण्डेय की कथा सुनाई। तीर्थ गंगा के महत्त्व व पूजन को बताया गया है। उसके आगे सूर्यवंशी राजा वृक के बाहु की कथा है। जिसमें आगे जाकर कपिल मुनि द्वारा सगर पुत्रों को भस्म करने की तथा अंशुमान को गंगा को नीचे उतारकर उनके उद्धार तक की कथा है। आगे गुरु का स्वरूप बतलाते हुए ब्रह्मराक्षस ने बारह प्रकार के गुरुओं का उल्लेख किया है।

आग सनक मुान द्वारा भगवान् ाविष्णु क वामन रूप म दवताआ क सकट दूर करन आर बलि के अहंकार को नष्ट करने की कथा कही गई है।

इसमें अन्नदान, विद्यादान से प्राप्त होने वाले लोगों के बारे में बताया है। बुद्धिमान व्यक्ति के द्वारा पांच प्रकार के श्राद्ध को बताया है। परस्त्रीगामियों, विश्वासघात करने वालों,मंदिर में अथवा सरोवर में मल त्याग करने, वेद और चंदनादि आदि गलत कार्य करने वालों को किस तरह का नरक भुगतना पड़ता है का सविस्तार वर्णन आगे सनक मुनि ने नारदजी की जिज्ञासाओं को संतुष्ट करते हुए उनसे सत्कर्मों का उल्लेख किया है।

द्वितीय खंड में समस्त तपों, व्रतों, धर्मानुष्ठानों एवं दान आदि के निष्पादन की विधियां हैं, नियत काल है, एवं तिथियां हैं। इसके अन्तर्गत गौ वध होने पर प्रायश्चित, चोरी में प्रायश्चित्त, अनजाने में माँ-बहन से यौन संसर्ग करने पर प्रायश्चित्त के तरीके बताए गए हैं। आगे विष्णु भगवान से स्मरण, ध्यान, भजन-पूजन से प्राप्त होने वाले लाभों का वर्णन है। कर्मों द्वारा कौन-सी मनुष्य योनि मिलती है इसका वर्णन किया गया है। योग के आठ अंगों का वर्णन है। वेदमाली नामक एक ब्राह्मण की कथा है। राजा जयध्वज की कथा है जिसने एक विशाल विष्णु मंदिर का निर्माण कराया। साथ ही इसमें बताया है ब्रह्माजी का एक दिन होता है-एक में चौदह मनु, चौदह मनु में चौदह इंद्र, और चौदह ही प्रकार के भिन्न-भिन्न देवता होते हैं। इसकी तालिका दी गई है। सत्ययुग से लेकर कलियुग के बारे में बताया गया है। अंत में वेद के अंगों का संक्षिप्त परिचय दिया गया है। जिसमें शिक्षा, कल्प, व्याकरण, निरुक्त, छन्दों का वर्णन है। अत: इस पुराण का श्रवण और श्री नारायण में श्रद्धापूर्वक अनुरक्ति से मनुष्य अपने जीवन का सफल काम करता हुआ मुक्ति का अधिकारी हो जाता है। श्री नारद पुराण श्रेष्ठ है इसका पठन एवं श्रवण उपकारी है। अंतत: यह कहेंगे इस पुराण में गोपनीय अनुष्ठान, धर्मनिरूपण तथा भक्ति महत्त्वपरक विलक्षण कथाएं आदि का अलौकिक महत्त्वपूर्ण व्याख्यान प्राप्त होता है।

अनुक्रमाणका

नारद पुराण 13

प्रथम खंड 16

सनक, सनंदन, सनातन तथा सनत्कुमार ब्रह्माजी के पुत्रों की कथा

नारद जी के कई प्रश्नों का निवारण के लिए निवेदन करना

मार्कण्डेय की कथा

तीर्थ गंगा के महत्त्व व पूजन

सूर्यवंशी राजा वृक के पुत्र बाहु की कथा

गंगा को पृथ्वी लोक पर लाने की कथा

गुरु का स्वरूप ब्रह्मराक्षस द्वारा

भगवान् विष्णु के 'वामन' रूप धारण की कथा

वीरभद्र नामक धर्मात्मा व प्रतापी राजा की कथा

अन्नदान, विद्यादान आदि से लाभ

नरक में बुरे कर्मों का भुगतान व घोर यातनाएं

सत्कर्मों का उल्लेख

सुमति नामक धर्मात्मा व सदाचारी राजा की कथा

द्वितीय खंड 85

समस्त तपों, व्रतों आदि के निष्पादन की विधियां, नियत काल एवं तिथियों का वर्णन

विष्णु भगवान् के स्मरण, ध्यान, भजन-पूजन से लाभ

मनुष्य योनि का विस्तार से वर्णन

याग क आठ अगा का वणन

वेदमाली नामक ब्राह्मण की कथा

राजा जयध्वज की कथा

मनु, मन्वंतर, इन्द्र तथा देवताओं की तालिका

सत्ययुग से कलियुग का वर्णन

वेद के अंगों का संक्षिप्त परिचय

नारद पुराण

एक बार नैमिषारण्य में एक बहुत बड़ा सम्मेलन हुआ। इस सम्मेलन में बड़े-बड़े तपस्वी तत्त्वज्ञानी और स्वाध्याय प्रेमी ऋषि मुनि पधारे। इस सम्मेलन में मुख्यत: इन चार विषयों पर गम्भीर विचार हुआ।

1. इस पृथ्वी पर कौन-कौन से क्षेत्र पवित्र हैं और तीर्थ स्थान हैं जहां वास करने से मनुष्य का कल्याण हो सकता है?
2. इस संसार में आधिदैविक, आधिभौतिक और आध्यात्मिक तापों से दुखी मनुष्यों की मुक्ति का सरल उपाय क्या हो सकता है?
3. विष्णु के चरणों में अनन्य भक्ति पाने का सरल उपाय क्या है?
4. दैनिक धर्म कर्म करते हुए मनुष्य अपने दायित्व का पालन करते हुए किस तरह अपना अभीष्ट पूर्ण कर सकता है।

सभी महर्षियों एवं मुनियों ने अपने- अपने विचार रखे। सभी के भिन्न मत देखकर महर्षि शौनक ने उन्हें सामंजस्य की भावना से संबोधित करते हुए यह सुझाया कि महाराज सूतजी सर्वश्रेष्ठ पौराणिक प्रवक्ता हैं। ये श्री लोमहर्षण के सुपुत्र और महर्षि वेदव्यास के शिष्य हैं। अत: यदि हम सब वास्तव में अपनी समस्या का समाधान चाहते हैं तो सिद्धारम में विष्णुभक्ति में लीन सूतजी के समक्ष चलना होगा।

सम्मेलन में उपस्थित सभी ऋषियों ने शौनक मुनि के प्रस्ताव को स्वीकार कर सिद्धाश्रम की ओर प्रस्थान किया। सूतजी ने सभी ऋषियों का यथोचित स्वागत-सत्कार किया और विश्राम के पश्चात् उनसे आने का प्रयोजन पूछा। जिज्ञासु मुनियों ने अपना मंतव्य स्पष्ट करते हुए कहा कि हे प्रभु! आप सर्वज्ञानी हैं कृपया हमारी जिज्ञासा शांत करें-

1. त्रिलोकीनाथ और संसार के रचना करने वाले, पालन करने वाले और प्रलयंकारी भगवान् विष्णु को प्रसन्न करने के लिए मनुष्य को क्या उपाय करने चाहिए?
2. मनुष्य को सांसारिक आवागमन से मुक्ति के लिए क्या उपाय करने चाहिए?

3. ईश्वर भक्ति से क्या प्रभाव पड़ता है तथा ईश्वरभक्तों का स्वरूप कैसा होता है?
4. अतिथियों का स्वागत किस प्रकार करना चाहिए?
5. आश्रम तथा वर्ण-व्यवस्था का वास्तविक स्वरूप क्या है?

तत्त्वज्ञानी सूतजी ने बड़ी शांति से जिज्ञासुओं की प्रश्नावली सुनकर इन सभी शकाओं का निराकरण करने के लिए नारद पुराण सुनाने का उपक्रम किया। सूतजी ने बताया कि वेदशास्त्रसम्मत यह पुराण सभी पापों का नाश करने वाला, अनिष्ट दूर करने वाला, दु:स्वप्न और चिन्ता का निराकरण करने वाला, भोग और मोक्ष प्रदान करने वाला है। यह धर्म, अर्थ, काम, मोक्ष का हेतुरूप है। यह पुराण आख्यान इतना अधिक प्रभावकारी है कि शुद्ध मन से इसका श्रवण करने से ब्रह्महत्या, मदिरापान, गुरुपत्नी-रमण जैसे महापातकों और मांस भक्षण, वेश्यागमन जैसे उपपातकों से भ्रष्ट से भ्रष्ट व्यक्ति भी पापमुक्त हो जाता है।

ज्येष्ठ मास की पूर्णिमा के दिन मूल-नक्षत्र में मथुरा में स्नान करके, विधिवत् व्रत-उपवास करके, भगवान् कृष्ण की पूजा-उपासना करते हुए श्री नारद पुराण का श्रवण करे तो भक्त जन्म-जन्मान्तरों के पाप से मुक्त हो जाता है। माया के जाल से मुक्त होकर निरंजन हो जाता है। भगवान् विष्णु के चरणों में वृत्ति रखने वाला संसार के प्रति अनासक्त होकर फलस्वरूप जीव मुक्ति को प्राप्त करता हुआ वैकुंठ वासी हो जाता है।

सूतजी ने स्पष्ट करते हुए कहा कि यह पुराण परम गोपनीय है। यह केवल श्रद्धालु एवं निष्ठावान भक्तों के लिए ही प्रयोग योग्य है। इसीलिए असत् कर्मों में लिप्त ब्राह्मणद्रोही, दंभी, छली-कपटी को भूलकर भी इसका श्रवण नहीं करना चाहिए। कहा गया है कि भगवान् भक्ति से प्रसन्न हो जाते हैं। इसलिए इस नारद पुराण में श्री विष्णु भगवान् की लीलाओं और महिमा का बड़ा ही मनोरम वर्णन है जिसके सुनने से भक्त सभी राग-विराग, द्वेषभाव से मुक्त विष्णु के अनुराग में उन्हीं का होकर रह जाता है।

यह नारद पुराण स्वयं पवित्र है इसलिए वाचन किसी पवित्र स्थान पर होना चाहिए। जिसके लिए कोई भी मंदिर, कोई तीर्थ अथवा एकांत शांत-स्थान और वाचक स्वयं शुद्ध

पवित्र भाव वाला जन्म से ब्राह्मण विद्वान् और आचारवान होना चाहिए। श्रोता को एकाग्रचित्त होकर इसका श्रवण करना चाहिए। यह आवश्यक है कि श्री नारद पुराण का श्रवण शुद्ध मन से नि:स्वार्थ भाव और बिना किसी प्रदर्शन के करना चाहिए। यदि कोई व्यक्ति मूर्खतापूर्वक या दंभ में शुद्ध भावना के अभाव में केवल प्रदर्शन के लिए नारद पुराण सुनता है तो ऐसा व्यक्ति अनन्त काल तक घोर नारकीय यातनाएं सहता है अर्थात् शुद्ध चित्तवृत्ति से ही इसका पारायण लाभप्रद है। वेद निन्दा करने वालों के समान ही पुराण निन्दा करने वाले भी नास्तिक ही होते हैं। भगवान् वेद व्यास ने यह पुराणआख्यान जीवों के कल्याण के लिए ही रचा है। इसलिए इसका श्रवण-राधन चित्तवृत्तियों को केन्द्रित करके पूर्ण श्रद्धाभक्ति से करना चाहिए। मनुष्य के जीवन की सार्थकता पुरुषार्थ चतुष्टाय को प्राप्त करने में ही है और इसका सरल उपाय सकल विश्व के स्वामी सर्वव्यापी, अनित्य, अमर और सर्वान्तरयामी श्री विष्णु में अटूट भक्ति ही है। पुराणों का श्रवण इस भक्ति का सरलतम साधन है। इन कथाओं के श्रवण से भक्त का भगवान् में मन लग जाता है तथा जन्म-मरण के झंझटों से वह निवृत्ति को प्राप्त हो जाता है। यह कहते हुए महर्षि सूतजी ने ऋषियों से कहा कि संपूर्ण वेदों और शास्त्रों के गूढ़ तत्त्वों को प्रकाशित करने वाला पुराणों में विशिष्ट यह नारद पुराण मैं आपको सुनाता हूँ। मुझे विश्वास है- यदि शुद्ध मन से आपने इसका श्रवण किया तो आपकी सभी जिज्ञासाओं और शंकाओं का निराकरण हो जायेगा।

प्रथम खंड

सनक, सनंदन, सनातन तथा संत कुमार ब्रह्माजी के चार मानस पुत्र कहे जाते हैं। एक बार ये चारों ब्रह्म सभा में जाने से पूर्व भगवती भागीरथी में स्नान के लिए रुक गए, यहीं इनको संयोग से श्री नारद जी के दर्शन हुए। नारदजी ने अपने बड़े भ्राताओं को विनम्र भाव से हाथ जोड़कर प्रणाम किया तथा उनके स्नानादि से निवृत्त हो जाने पर उनकी पूजा तथा अर्चना की। नारदजी ने उन्हें षट्- भाग-ऐश्वर्य, वीर्य, यश,श्री, ज्ञान एवं वैराग्य से उत्पन्न होने के कारण भगवान् समान मानते हुए उनकी वंदना की और कहा- भगवान्! आप त्रिकालदर्शी हैं सनातन हैं जगत के स्वामी हैं। आप दीनदयालु, उदार, करुणामय महात्मा हैं। आप से इस प्रकार अकस्मात् भेंट मेरे लिए एक सुखद घटना है। मेरी अभिलाषा है कि आपके सुमुख से कुछ तत्त्व ज्ञान प्राप्त कर सकूं। यद्यपि श्री ब्रह्मा जी द्वारा समय-समय पर अनेक रहस्यमय तत्त्वों एवं कुतुहलपूर्ण ज्ञान- विज्ञान मुझे प्राप्त होता रहा है और मैं उससे अनुगृहीत होता रहा हूँ; किन्तु आपसे अनुरोध है कि मेरे एवं समस्त जगत् के प्राणियों के कल्याण के लिए, कुछ शंकाएं जो मेरे मन में उपजी हैं उनका निराकरण करके लाभान्वित करें- कृपया स्पष्ट करें कि-

यह सारा जगत् जिनके द्वारा उद्भूत है, जिनके चरणों को गंगा का स्पर्श मिला है उन श्री विष्णु भगवान् का स्वरूप क्या है? और किस प्रकार उनकी भक्ति प्राप्त की जा सकती है?

1. मनुष्य के नित्यनैमित्तिक कर्म किस प्रकार सफल हो सकते हैं?
2. भगवत्- भक्ति का क्या स्वरूप है, भगवत्- भक्तों के क्या लक्षण हैं?
3. श्री विष्णु की प्रसन्नता दायक अतिथि सेवा का क्या विधान है?
4. ज्ञान और तप का क्या स्वरूप है?

अपन अनुज नारद का जिज्ञासाए सुनकर सनकादि मुनिया न सवप्रथम श्रा विष्णु का स्तवन किया तो नारदजी की आंखों में प्रसन्नता के आँसू छलक आए। भगवान के स्वरूप का परिचय देने का उपक्रम करते हुए सनक मुनि ने उनके प्रश्नों का क्रमश: समाधान प्रस्तुत किया।

प्रथम प्रश्न का उत्तर: भगवान विष्णु का स्वरूप वर्णन

श्री विष्णु भगवान सर्वव्यापी, अनंत, निरंजन और अक्षर हैं। वे समस्त जल और थल में व्याप्त हैं। अपने ही प्रकाश से प्रकाशित श्री विष्णु ने ही प्रारंभ में अपने दक्षिण भाग से प्रजापति ब्रह्मा को, बायें भाग से अविनाशी विष्णु को और मध्य भाग से शिव को उत्पन्न किया। इस प्रकार अपने एक ही रूप से वे तीन भागों में विभक्त हो गए। इन्हीं तीन अंशों को ब्रह्मा, विष्णु और महेश के नाम से पुकारते हैं। ब्रह्म-रूप में वे जगत की रचना करते हैं, विष्णु रूप में जगत के पालक हैं, और शिवरूप में प्रलयंकारी हैं। उत्पत्ति, स्थिति और प्रलय उन्हीं की शक्ति से संचालित होते हैं। नारायण की यह दिव्यशक्ति भावात्मक रूप में विद्या और अभावात्मक रूप में अविद्या के नाम से पुकारी जाती है। जब यह जगत विश्वरूप में विष्णु से भिन्न व्यवहार करता है तो यह अविद्या शक्ति प्रभावित होकर दुख का कारण बनती है। लेकिन जब ज्ञानवान और ज्ञान योग्य के बीच की बाधा मिट जाए, जगत और जगत के बनाने वाले में भेद मिट जाए और सब जगह विष्णु की सत्ता प्रकट होने लगे वह समन्वित अवस्था विद्या का एक रूप है। भगवान विष्णु की शक्ति माया को उनसे भिन्न मानने पर वह अविद्या के रूप में दुःख का कारण होती है और अद्वैत मानने पर संसार भावना समाप्त हो जाती है।

श्री विष्णु की शक्ति से निर्मित यह चलायमान जगत उन्हीं की लीला है उनसे भिन्न नहीं। जैसे एक ही आकाश भिन्न स्थानों पर भिन्न दिखलाई देता हुआ भी समग्रता में एक ही आकाश है उसी प्रकार गुण भेद के कारण विष्णु भी जगत में भिन्न रूपों में दृष्टिगोचर होते हैं लेकिन तत्त्व दृष्टि से यह सब कुछ उन्हीं का उन्हीं में है। उनकी सर्व व्यापकता में समान शक्तियां भी जगत व्यापी हैं। इन्हीं को प्रभाव भेद से लक्ष्मी, उमा, सरस्वती, गिरिजा,

आबका, दुगा, भद्रकाला. माहश्वरा, चाडका, वष्णवा, वाराहा, शाभवा, ब्राह्मा, विद्या आर अविद्या के नाम से जाना जाता है। कुछ विद्वान महात्मा लोग भगवान् विष्णु की शक्ति को परा तथा प्रकृति कहते हैं। यही व्यक्त-अव्यक्त रूप में जगत में व्याप्त रहते हुए सृष्टि स्थिति और प्रलय का कारण बनती है। भगवान् विष्णु ही इस प्रकार प्रकृति पुरुष और काल रूप में जगत के सर्जक पालक और संहारक होते हैं। मनुष्य विष्णु भगवान् का अपनी-अपनी भावना और भक्ति के अनुरूप ध्यान करते हैं। संपूर्ण विवादों से परे सर्वशक्तिमान सच्चिदानंद पर परमात्मा रूप विष्णु ज्ञान द्वारा ही गम्य है।

त्रिगुणात्मा विष्णु सत्, रज, तप- रूपी ब्रह्मा, विष्णु और शिव के मूर्त रूप में उत्पत्ति, पालन और विनाश का कारण बनते हैं। ये विष्णु ही उपाधि भेद से सबसे भिन्न और निरुपाधि रूप से सबसे अभिन्न दिखलाई पड़ते हैं।

विश्व की रचना के निमित्त स्वयं नारायण विष्णु प्रकृति पुरुष और काल रूप में विभक्त हो जाते हैं। उनके पुरुष अंश में क्षोभ उत्पन्न होने से प्रकृति जन्म लेती है और प्रकृति से महत्, बुद्धि, अहंकार, इंद्रियां, पंचभूत (आकाश, वायु, अग्नि, जल, भूमि) उत्पन्न होते हैं और इसके पश्चात् ब्रह्माजी पशु-पक्षियों और तमोगुणी सृष्टि की रचना करते हैं। सृष्टि का प्रवर्त्तन करने के लिए देवों की रचना करते हैं। देवताओं की रचना के बाद ब्रह्माजी दक्ष आदि मानव पुरुषों का उत्पन्न करते हैं जिनसे आगे सृष्टि बढ़ने लगती है और फलस्वरूप मनुष्यों देवताओं और दैत्यों का एक बड़ा समुदाय बन जाता है। विष्णु की सत्ता इन सब में है। इतना सब कुछ रचने के बाद ब्रह्माजी भू:, भुव:, स्व:, जन:, तप : और सत्य- सात लोकों की और अतल, वितल, सुतल, तलातल, महातल, रसातल और पाताल- सात पातालों की रचना करते हैं। लोकों की स्थिति में एक के बाद एक क्रमश: और सर्वोपरि सत्यलोक है इसके विपरीत एक के बाद एक नीचे की ओर पाताल है। इसके पश्चात् वह लोकों के स्वामियों, पर्वतों, नदियों, लोकवासियों के आचार व्यवहार और वृत्ति आदि की रचना करते हैं।

भूमंडल के बीच में स्थित मेरु पर्वत पर देवताओं का निवास है और भूलोक के अंत में लोका- लोक पर्वत है। भूलोक में सात द्वीप हैं जिन्हें क्रमश : जम्बू, प्लक्ष, शाल्मल,

कुश, क्रौंच, शाक और पुष्कर कहा जाता है। ये सभी द्वीप क्रमशः क्षार, इक्षु, सुरा, घृत, दधि, दुग्ध और जल के सागरों से घिरे रहते हैं। ये सभी द्वीप और सागर एक-दूसरे से आगे एक-दूसरे से दोगुने विस्तार के होते हैं। प्रत्येक द्वीप में एक कुल पर्वत होता है और पर्वतों के बाहरी भाग में नदियाँ। यहाँ के निवासी देवताओं के समान गुण वाले होते हैं।

लवण सागर के उत्तर भाग में और हिमाचल पर्वत के दक्षिणी भाग में जंबू द्वीप में भरत खंड स्थित हैं। यहां के निवासियों को किए गए कार्यों का फल मिलता है। निवासी अपना नैमित्तिक कार्य करते हैं और उसका सुफल पाते हैं। इसी भूमि पर निवास करते हुए पुण्यों का संचय किया जा सकता है। स्वर्ग और नरक भी यहां किए गए कार्यों के निमित्त ही मिलते हैं। देवता भी इस भूमि पर जन्म लेने के लिए तरसते है। वे मानते हैं कि पुण्यों के क्षीण होने पर जब वे सुख से वंचित हो जाएंगे तो भारतवर्ष में ही जन्म लेने पर दान यज्ञ और तपस्या द्वारा विष्णु कृपा को पुनः अर्जित करके वे सदा के लिए मोक्ष के अधिकारी होते हुए मुक्त हो सकते हैं।

द्वितीय प्रश्न : नित्य नैमित्तिक कर्म का विवेचन

वस्तुतः स्वर्ग आदि लोक तो केवल भोग की स्थलियां हैं। कर्म करने का एक मात्र स्थल भारत खंड ही है अतः भारत भूमि में जन्मा प्राणी सर्व सौभाग्यशाली है क्योंकि इस भूमि के प्रभाव से प्राणी भक्ति-परायण होता हुआ पुण्य का भागी होता है। ऐसा सौभाग्य अन्यत्र कहां? जो जन भगवान् विष्णु का ध्यान, स्मरण, स्तवन करते हैं, पूज्यों का आदर, जीव मात्र से प्रेम करते हुए प्रत्येक वस्तु में श्री विष्णु की सत्ता मानते हैं, देवता भी उनका अभिनन्दन एवं वन्दना करते हैं। जो प्राणी यहाँ जन्म लेकर भी श्री विष्णु भक्ति से विमुख रहता है वह अभागा है। संयोग ही है कि उसे किसी पूर्वजन्म के सुफल के कारण मनुष्य योनि मिली और भारत भूमि में जन्म मिला किन्तु वह इस जन्म रूपी मुक्ता मणि का अपने अज्ञान लोभ एवं भ्रमवश पत्थर समझ बैठता है, अपने कर्म से विरत सौभाग्य से वांछित

हो जाते हैं। मानो विषय भोग में लिप्त वह अमृत रूपी भक्ति को छोड़ वासनामय विष का ग्रहण करता है। ऐसा मनुष्य सत्य में कामधेनु गाय के अमृतमय दूध को छोड़कर आक के दूध की खोज में व्यर्थ भटक रहा है।

यह सत्कर्म का ही फल है कि मनुष्य आलस्य एवं प्रमाद को त्याग, विष्णु भक्ति में लीन हो तो स्वर्गादि दुर्लभ सुखों का भोक्ता होता है और यदि वह निष्काम भाव से भक्ति में प्रवृत्त होता है तो जीवन-मरण के चक्र से मुक्त परम-पद को प्राप्त करता है। अत: सकाम या निष्काम जैसा भी बन पड़े मनुष्य को भक्ति में ही जीवन की सार्थकता समझनी चाहिए। इसके लिए वर्णाश्रम व्यवस्था का पालन करना चाहिए अन्यथा वह पतित कहलाता है। यह भारत भूमि देवताओं के लिए भी दुर्लभ है। यहां जन्मा जीव यदि आत्मोद्धार के लिए प्रयत्नशील नहीं रहता तो वह सदा कष्ट ही उठाता है।

यह जड़चेतन का समस्त जगत श्री विष्णु द्वारा ही रचा गया, उन्हीं का अक्षर रूप है। ब्रह्मा, शिव आदि देव, यक्ष तथा सभी असुरादि विष्णु के ही मित्र रूप हैं। भिन्न-भिन्न वृत्तियों एवं गुणों के प्रभाव भेद से भिन्न रूप दृश्य गोचर होते हैं।

पूर्वोक्त विवेचना करते हुए सनक ऋषि ने नारदजी को सचेत किया और कहा-इस पूरे अनुष्ठान को श्रद्धापूर्वक किए जाने पर ही शुभ फल मिलता है। बिना श्रद्धा के सुमेरु पर्वत के समान किया गया स्वर्ग दान भी अकारथ होता है। जिस प्रकार निवास का आधार धरती जीवा का आधार जल है उसी प्रकार कर्म सिद्धि का एकमात्र आधार श्रद्धा- भक्ति है। विष्णु में गति, विष्णु की भक्ति, भक्तों की संगति और सहनशीलता ही इसके सार हैं।

कर्म में प्रवृत्त होने के लिए सदाचारी होना अत्यंत आवश्यक है। इसके लिए वर्ण धर्म का निष्ठापूर्वक पालन करना चाहिए। सदाचार से ही धर्म पूर्ण होता है और धर्म के स्वामी स्वयं भगवान् विष्णु हैं। अत: वर्णाश्रम का पालन एक प्रकार से विष्णु भक्ति का पर्याय हो जाता है। इस विधि के अनुसार श्री विष्णु की आराधना से भक्त मोक्ष को प्राप्त होता है।

तृताय प्रश्न : भगवत् भाक्त आर भक्ता का स्वरूप

श्री नारायण विष्णु की प्रसन्नता का एक मात्र उपाय श्रद्धापूर्वक निश्छल भक्ति है। पूजा में वृत्ति, उन्हीं का स्मरण-कीर्तन, पुण्य कथाओं का श्रवण, देव प्रतिमा में उन्हीं की वंदना-अर्चना, अनन्य भाव एवं निष्ठा से उन्हीं का ध्यान-मनन सही अर्थ में भक्ति है। इसमें भगवत् भक्तों का सत्संग भी महत्त्वपूर्ण है। पुण्य कथाओं का श्रवण या सत्पुरुषों का संग दोनों में कुछ भी एक अपनाने वाला सौभाग्यशाली है। सूर्य तो जगत् का बाह्य अंधकार ही मिटाते हैं किंतु सत्संगति से भीतर का मन का अंधकार भी छंट जाता है? हरि के भक्तों की संगति से पापी भी तर जाते हैं।

इस प्रकार भगवत् भक्तों की महिमा वर्णन के सुनते हुए श्री नारद अत्यन्त प्रसन्न हुए किन्तु उनके मन में सहज ही यह प्रश्न जगा कि जो भक्त लोहे को स्वर्ण कर देने वाली पारस मणि के समान हैं उन भक्तों के लक्षण कैसे हैं? सज्जन उनका सत्संग किस विधि द्वारा कर सकते हैं? उनकी पहचान क्या है? वे कैसे कर्म करते हैं और उनको इसका क्या सुफल प्राप्त होता है?

श्रद्धालु नारद के आग्रह और उनकी जिज्ञासु वृत्ति का अनुभव करते हुए ज्ञानी महात्मन् सनकादि ऋषियों ने उन्हें योगनिद्रा से जागने पर सर्वदेव, परम सत्य, प्रकाशमान श्री विष्णु द्वारा मार्कण्डेय ऋषि को दिए गए उपदेश को प्रमाण स्वरूप प्रस्तुत करते हुए कहा-प्रलय के समय सब ओर जल ही जल हो जाने पर श्री नारायण अत्यंत सूक्ष्म रूप में वट वृक्ष के पत्ते पर शयन करते हैं उस समय उनके प्रत्येक रोम कूप में अनेक ब्राह्मण शोभायमान रहते हैं। श्री विष्णु के चरण से श्री गंगा बहती रहती है। समस्त चेतन जगत ब्रह्म में लय हो जाता है पृथ्वी पर सब जगह जल ही जल हो जाता है। जगत को प्रलय रूप देने वाले स्वयं श्री विष्णु बड़ के पत्ते पर सूक्ष्म रूप में विराजमान रहते हैं। भगवत् भक्त मार्कण्डेय श्री विष्णु की यह लीला देखने के लिए उनके समीप ही विद्यमान रहते हैं। सकल जगत के प्रलय में नष्ट हो जाने पर मार्कण्डेयजी के शेष रहने का प्रसंग भी अद्भुत है। आश्रम में पधारे जिज्ञासु मुनियों की शंका का निवारण करते हुए सूतजी ने उन्हें विस्तार से बताया

कि मृकंडु मुनि ने शालग्राम तीर्थ में दस हजार युगों तक बिना आहार ग्रहण किए, इंद्रिय-संयम के साथ पूरी तरह विरक्त होकर, सत्यभाषी बनकर, कठोर तप किया था और भगवान् विष्णु की आराधना की। मृकंडु मुनि के इस कठोर तप से इंद्र का आसन डोलने लगा तो सभी देवताओं ने भावी आशंका से घबराकर भगवान् विष्णु की शरण में जाकर गुहार की और मृकंडु के तप के ताप से मुक्ति की याचना की।

श्री विष्णु देवताओं की स्तुति से प्रसन्न हो उनके समक्ष प्रकट हो गए। देवता उनके दर्शन कर कृतार्थ हुए और उनकी स्तुति करते हुए वंदना की। श्री नारायण ने देवताओं को आश्वस्त करते हुए कहा कि मृकंडु के तप से आपको किसी प्रकार का भय नहीं होना चाहिए। वह मेरी भक्ति में लीन होकर तपस्या कर रहे हैं और सज्जन शिरोमणि हैं। आप निश्चिन्त होकर और अपने-अपने लोक को लौट जाएं। देवताओं को आश्वस्त करके श्री नारायण अंतर्ध्यान हो गए और इंद्रादि सभी देव प्रसन्न मन से अपने लोक को लौट आए।

श्री विष्णु ने मृकंडु मुनि की तपस्या से प्रसन्न होकर उन्हें अपने दर्शनों से कृतार्थ किया। अपनी तपस्या को इस प्रकार फलवती देख मृकंडु अव्लहदित हो उठे। प्रसन्नता में उनकी आँखों आँसू बह निकले। वह हर्षविभोर होकर भी विष्णु के चरणों पर गिर पड़े। श्री विष्णु ने उन्हें वरदान माँगने के लिए कहा लेकिन मृकंडु तो भगवद्दर्शन से ही कृतकृत्य हो गए थे। उनके लिए मांगने को शेष रह ही क्या गया था। अपने प्रति इस प्रकार मृकंडु की निष्काम भक्ति को देखकर श्री नारायण ने अपने दर्शनों को अमोघ बताते हुए स्वयं पुत्र रूप में उनके घर जन्म देने का वरदान दे दिया और अंतर्ध्यान हो गए। वरदान से कृतकृत्य मृकंडु अपना अभीष्ट पूरा हुआ जानकर घर लौट आए। घर लौटकर एक- सती-साध्वी कन्या से विवाह किया और इस प्रकार गृहस्थ आश्रम में प्रवेश किया। यथासमय अत्यंत पतिव्रता, पवित्र और पतिपरायणा पत्नी से दस मास पश्चात् एक तेजस्वी और सुलक्षण बालक उत्पन्न हुआ। इस बालक के शास्त्र के अनुसार विधिपूर्वक जातकर्म संत्कार किए गए। जब बालक पांच वर्ष का हो गया तो उसका यज्ञोपवीत संस्कार कराके उसे कुछ महत्त्वपूर्ण शिक्षा देनी प्रारम्भ की। उन्होंने बालक को उपदेश दिया कि चारों वर्णों में श्रेष्ठ

और पुण्य ब्राह्मण होते हैं। उन्हें समक्ष देखकर सदा प्रणाम करना चाहिए। प्रातः, मध्याह्न, तथा सायं, तीनों कालों में संध्या उपासना, वेद-अध्ययन, और, सूर्य को जल देना चाहिए। ब्रह्मचर्य व्रत का निष्ठा से पालन करते हुए तप और विष्णु पूजन में ध्यान करना चाहिए। कुसंगति और दुष्टों के साथ सम्पर्क जैसे अकर्म नहीं करने चाहिए। विष्णु भक्तों के प्रति सदैव आदर और अनुराग बनाए रखना चाहिए। भजन दान और पठन-पाठन के लिए सदैव उद्यत रहना चाहिए। अपने पिता द्वारा इस प्रकार उपदेश पाकर मार्कण्डेय (मृकंडु पुत्र) ने पूर्ण निष्ठा से उसका पालन करना प्रारम्भ कर दिया। अपनी तपस्या द्वारा श्री विष्णु को प्रसन्न करने के लिए इस बालक ने सारा समय पूजा-उपासना और स्तुति-वंदना में लगाना प्रारंभ कर दिया। मार्कण्डेय की तपस्या से प्रसन्न होकर श्री विष्णु ने इन्हें एक पूरी पुराणसंहिता रचने का वरदान दिया। इसीलिए इनके द्वारा रची गयी पुराण 'मार्कण्डेय पुराण' कहलाती है और ये स्वयं परम विष्णु भक्त होने के कारण मार्कण्डेय नारायण कहलाते हैं। इसीलिए सारे विश्व के जलमग्न हो जाने पर भी श्री नारायण ने जल में शेष शैय्या पर सोते हुए इन्हें जलमग्न नहीं किया था। ये उस समय वृक्ष के टूटे पत्ते के समान स्थिर रहे, मार्कण्डेय भी उन्हीं के साथ वट पत्र के समान रहे। यदि प्रलय-काल में श्री विष्णु के शेष शैय्या पर अवस्थित रहने के समय की गणना की जाये तो कह सकते हैं कि पंद्रह बार पलक झपकने में लगा समय एक काष्ठा, तीस काष्ठाओं की एक कला, तीस कलाओं का एक क्षण, छः क्षणों की एक घड़ी, दो घड़ियों का एक मुहूर्त्त, तीस मुहूर्तों का एक दिन और तीस दिनों का एक मास होता है। इस मास में दो पक्ष होते हैं शुक्ल-पक्ष और कृष्ण-पक्ष। दो मासों की एक ऋतु होती है और तीन ऋतुओं का एक अयन। दो अयनों उत्तरायण और दक्षिणायन का एक वर्ष होता है। मनुष्यों के एक वर्ष के समान देवताओं का एक दिन-रात होता है। उत्तरायण देवताओं का दिन होता है और दक्षिणायन उनकी रात्रि। इस प्रकार बारह हजार देववर्षों का एक देवयुग और दो सहस्र युगों का एक ब्रह्मकल्प होता है। इसमें इकहत्तर दिव्य युगों का एक मन्वंतर होता है और चौदह मन्वंतरों का ब्रह्माजी का एक दिन होता है। चौदह मन्वंतरों की ही ब्रह्माजी की रात होती है। इस प्रकार दिनों के मास और मासों के वर्ष होते हैं। एक सहस्र चतुर्युग के समान ब्रह्माजी की आयु होती है और

ब्रह्माजी की आयु के परिमाण जितना विष्णु का एक दिन और एक रात होता है। मार्कण्डेयजी इतनी लम्बी अवधि तक विष्णुजी का ध्यान करते हुए उनके समीप रहें।

योगनिद्रा से उठने पर जब श्री विष्णु ने ब्रह्मा रूप में जल को समाप्त कर पुन: विश्व की सृष्टि की तो प्रभु का यह चमत्कारी रूप देखकर वे विस्मित और विमुग्ध हो उठे और उनके चरणों में नत-मस्तक होकर अत्यंत विनीत भाव से स्तुति करने लगे।

एक बार फिर भक्तवत्सल प्रभु मार्कण्डेय की निश्छल भक्ति और एकनिष्ठ श्रद्धा को देखकर अपने चतुर्भुज रूप में प्रगट होकर बोले-जो जन मुझमें अनन्य आस्था रखते हुए एकनिष्ठ भाव से मेरा भजन-पूजन करते हैं उनके लिए स्वयं एक भक्त का रूप धारण करके सदैव उनके प्रति चिन्ता रखता हुआ उनका भला करने में लगा रहता हूं। भक्तवत्सल भगवान् के मुख से यह अमर वाणी सुनकर मार्कण्डेय ने प्रभु से आग्रह किया कि-' हे प्रभु, मुझे भगवत भक्तों के लक्षण, उनकी पहचान के लिए कर्त्तव्य कर्मों का निर्देश करने का अनुग्रह करें। आपके श्रीमुख से श्रवण किए गए शब्द मेरे लिए मार्ग-निर्देशक होंगे।'

मार्कण्डेय की ऐसी अतीव इच्छा देखते हुए श्री नारायण ने भक्तों के अवर्णनीय स्वरूप का वर्णन करने का अनुग्रह स्वीकार किया। संक्षेप में जो बीस लक्षण बताए वे इस प्रकार हैं – भगवत-भक्त जीव मात्र के हितैषी होते हैं, ईर्ष्या और क्रोध आदि दोषों से मुक्त होते हैं, शांत, संयत और निरीह चित्त वाले तथा मन-वचन-कर्म से प्राणिमात्र का भला चाहने वाले भक्त कभी किसी से दान ग्रहण नहीं करते, शिव- भावना से पिता और गंगा-बुद्धि से मां की सदैव सेवा करते हैं, व्रतधारियों और संन्यासियों की सेवा में निरंतर लगे रहते हैं, परनिंदा से सदैव दूर रहते हैं और दूसरों के गुण ग्रहण करने में सदैव प्रस्तुत रहते हैं| शत्रु या मित्र भार की अपेक्षा सदा समदर्शी होते हैं, सत्य बोलना, सज्जनों की संगति करना और स्वाध्याय ही उनके जीवन का उद्देश्य होता है |पुराणों में श्रद्धा रखने वाले तथा ब्राह्मण और गऊ की सेवा करने वाले होते हैं, भगवत- भक्त सदा ईश्वर कीर्तन और तीर्थाटन में रुचि

रखते हैं, मनुष्यों की भलाई के लिए और समाजहित के लिए उद्यान,बाड़ा, तालाब, मंदिर और कुएं आदि का निर्माण कराते हैं, गले में तुलसी की माला धारण किए रहते हैं और तुलसी पौधे को अपने आंगन में प्रतिष्ठित करके उसका सिंचन और दर्शन करते हैं। वर्णाश्रम नियमों का कठोरता से पालन करते हैं, विष्णु और शिव में अभेद मानते हुए दोनों की पूजा-उपासना करते हैं, और इसीलिए मस्तक पर त्रिपुंड और गले में रुद्राक्ष की माला धारण करते हैं, शास्त्रों के तत्त्वों को स्वयं समझकर अन्यों को प्रेमपूर्वक उनका पारायण कराते हैं। पूर्वोक्त ये लक्षण उन महत्त्वपूर्ण लक्षणों में से हैं जिनका किसी भी 'भगवत-भक्त' में होना आवश्यक है। वस्तुत: संसार में जितने भी सत्कर्म हैं, सद्गुण हैं वे सभी मेरे भक्त में विद्यमान होते हैं। इसीलिए हे वत्स! मेरा तुमसे यह निवेदन है कि यथानिर्देश सुशील रहते हुए अपनी इन्द्रियों का समुचित प्रयोग करते हुए विषयोपयोग के लोभ का संवरण करें। समस्त प्राणियों के प्रति मित्र भाव रखते हुए धर्म अनुष्ठान लेकर रहें। मार्कण्डेय को इस प्रकार उपदेशित कर श्री नारायण अंतर्ध्यान हो गए। विष्णु पूजा में तत्पर श्री मार्कण्डेय शालिग्राम तीर्थ में जाकर कठोर तपस्या द्वारा श्री नारायण जनार्दन की आराधना में प्रवृत्त हो गए और भगवतप्रसाद से समस्त पापों में मुक्त हो मार्कण्डेय ने मोक्ष को प्राप्त कर लिया।

इस प्रकार मार्कण्डेय की कथा सुनाते हुए महर्षि सनक ने देवर्षि नारद को भक्तवत्सल भगवान् विष्णु का मृकंडु पुत्र को दिया गया उपदेश और भक्तों के लक्षण बताते हुए ईश्वर की कृपा और अनुकम्पा और महिमा का जो वर्णन किया है यह आप सभी ऋषिलोग जान गए हैं। हे पुण्यात्मा ऋषियों इसके पश्चात् नारदजी द्वारा तीर्थों में सर्वोत्तम तीर्थ जानने की अभिलाषा को देखकर सनक मुनि ने गंगा-यमुना के संगम की महिमा का वर्णन किया। गंगा-यमुना का यह संगम प्रयागराज में होता है। यहाँ सभी प्रकार की ऋद्धियां-सिद्धियां, वैभव-सम्पत्ति, आयु, यश, विद्या और बल सहज अनुष्ठान से ही प्राप्त हो जाते हैं। विष्णु के पवित्र चरणों से निकली भगवती भागीरथी उज्जवल वर्णवाली और सूर्य पुत्री यमुना श्यामवर्ण वाली सित-असित नदियों का यह अपूर्व संगम एक अलौकिक शोभा लिए है।

गगा सभा नादया म सवश्रेष्ठ ह आर इसका माहमा अपरम्पार ह। यह गगा पापा आर उपद्रवों को नष्ट करने वाली मनुष्यों को सुख और शान्ति प्रदान करने वाली है। हिमालय से समुद्र तक फैले इसके विशाल प्रांगण में प्रयाग का विशिष्ट स्थान है। कहते हैं स्वयं ब्रह्माजी ने विष्णु भगवान् को प्रसन्न करने के लिए यहां अनेक यज्ञ किए। अन्‍य तीर्थों के सैकड़ों स्नान प्रयाग में भागीरथी के जल की एक बूंद के स्पर्श के समान भी नहीं।

पवित्र जल गंगा में स्नान बहुत पुण्यकारी होता है। वास्तव में यह गंगा सुख तो देवताओं के लिए भी दुर्लभ है। गंगा का स्नान, जल का पान एवं स्पर्श और दर्शन साक्षात् विष्णु दर्शन के समान होता है।गंगा एवं विष्णु परस्पर बिम्ब-प्रतिबिम्ब भाव रखते हैं, अत: गंगा का महत्त्व विष्णु की भक्ति के समान ही मानना चाहिए।

तुलसी पौधे की जड़ों में लगी मिट्टी ब्राह्मणों के चरणों की धूल तथा गंगाजल की मिट्टी का सेवन करने वाले भक्त सारूप्य मुक्ति प्राप्त करते हैं। जो फल श्री विष्णु के चरणों की वंदना से प्राप्त होता है वही इन तीनों प्रकार की मिट्टी के सेवन से प्राप्त होता है। गंगा, विष्णु भक्ति और तुलसी-तीनों सभी बहनें हैं। इनके सेवन से भगवान् प्रसन्न होते हैं और साधक मुक्ति का अधिकारी हो जाता है। इसीलिए गंगा के स्नान, ध्यान, स्पर्श करने वाला भक्त अपने इस कर्म को परम सौभाग्य मानकर करता है तो सीधा विष्णु लोक को प्राप्त होता है।

यद्यपि गोदावरी, कृष्णा-कावेरी, भागीरथी को सरस्वती, तुंगभद्रा, कालिन्दी, बाहुदा, वेत्रवती, ताम्रपर्णी और सरयू आदि अनेक नदियां हैं किन्तु इन सबमें गंगा का अपना परमपद है। जिस प्रकार श्रीविष्णु सभी लेखकों को स्वयं में व्याप्त रखते हैं उसी प्रकार यह गंगा भी सर्वलोक व्यापिनी सभी पापों एवं कष्टों का निवारण करने वाली है।

राजा रुक्मांगद प्रतापी राजा हुए हैं। उनकी पत्नी महारानी मोहनी ने एकादशी व्रत का बहुत विरोध किया जिसके कारण वह दुर्दशा को प्राप्त हुई। राजा ने पत्नी की दुर्दशा से मुक्ति के लिए अपने कुलगुरु श्री वसु महाराज से अपनी पत्नी के उद्धार के लिए कोई उपाय करने के लिए आग्रह किया। इस पर आचार्य ने कहा-

कृत तु सव ताथान, त्रताया पुष्कर परम्।

द्वापरे तु करुक्षेत्रं कलौ, गंगा विशिष्यते।

अर्थात् सत्तयुग में तो पृथ्वी लोक पर सभी पुण्य स्थान तीर्थ स्थान हैं सभी का महत्त्व समान है। क्रेता में पुष्करराज तीर्थ का अन्यतम महत्त्व है। द्वापर में कुरुक्षेत्र की महिमा अपरम्परा है लेकिन कलियुग में एकमात्र और उत्तम तीर्थ गंगा ही है।

गंगा के किनारे बसे ग्राम आदि पुण्य क्षेत्र हैं। अत: कलियुग में पुण्य क्षेत्र और पुण्य महिमामयी गंगा के स्नान- ध्यान से ही सद्गति प्राप्त हो सकती है। कलियुग ने अपनी शक्ति की महिमा तीर्थों की तीर्थ नदी गंगा को ही सौंपी है। देखा जाए तो यह बहुत बड़ा रहस्य है क्योंकि स्वयं भगवान् विष्णु ही गंगाजल के रूप में प्रवाहमान हैं। इसीलिए तो सभी जल स्थिरता में सड़ने लगते हैं। दुर्गन्धमय हो जाते हैं किन्तु परम पवित्र गंगा का जल कभी बासी नहीं होता, सदैव ताजा पवित्र बना रहता है। वैसे तो गंगा के तट पर कहीं भी किसी भी क्षेत्र में स्नान करने का अपना महत्त्व है किन्तु हरिद्वार, प्रयाग और गंगा सागर में किया गया स्नान महत्त्व में सर्वोपरि है।

इस प्रकार राजा रुक्मांगद कुलगुरु वसु के मुख से गंगा की इस प्रकार महिमा का श्रवण करके उनकी अनंत शक्ति, भक्त और पापोद्धारक गारिमा का परिचय पाकर अपनी पत्नी मोहिनी को इसका महत्त्व बतलाया। मोहिनी ने सिर झुकाकर महामहिम गुरु वसु से जब गंगा की पूजा विधि के बारे में जिज्ञासा प्रकट की तो कुलगुरु ने बतलाया कि एक बार यही प्रश्न देवी भगवती जगदम्बा ने देवाधिदेव, भूत भगवान् श्री विष्णु से पूछा था तो उन्हीं के शब्दों में इसके ध्यान-पूजन अर्चन की विधि का वर्णन इस प्रकार बतलाया था-

गंगा का पूजन करने वाली व्रती को मौन रहते हुए केवल एक समय रात्रि में भोजन करना चाहिए। स्नान, हविष्य भोजन, सत्य भाषण, सीमित आहार, यज्ञ तथा भूमि शयन- ये 6 कर्म नियमित करने चाहिए। इंद्रिय- संयम करते हुए नित्यप्रति गंगा स्नान करके फूलों, गन्धों, नैवेद्यों पान, एक दीपक प्रकाशित करके गंगा की पूजा करनी चाहिए। गंगाजी की

आटे की मूर्ति बनाकर गंगा तट पर षोडशोपचार पूजा करना चाहिए- पूजा मंत्र इस प्रकार है-

ओम नम: शिवायै शिवदायै नमोस्तुते।

नमोऽस्तु विष्णुरूपिण्यै गंगायै ते नमो नम:।।

इसके उपरांत शिव लिंग पर गंगाजल अर्पित कराकर अभिषेक तथा धूप दीपादि एवं नैवेद्य से शिव का ध्यान और आराधना करनी चाहिए। पांच देवों- विष्णु, ब्रह्मा, शिव, सूर्य एवं गणेश की उपासना करना अति उत्तम होता है। गंगा के इस प्रकार महारानी मोहिनी कुलगुरु वसु के प्रति अनेकश: आभार प्रकट करती हुई अपने उद्धार के लिए प्रयागराज को चली गई। यथाविधि गंगा पूजा करते हुए वहीं शरीर का त्याग कर गई। इस प्रकार शिव दूतों ने भक्ति-मोहिनी को रथ पर चढ़ाकर उन्हें सम्मानपूर्वक भगवती पार्वती के पास पहुंचा दिया। चिरकाल तक गंगा रूप भगवती पार्वती के सान्निध्य में मोहिनी के वास से रानी का उद्धार हो गया।

गंगा के ही किनारे बसा एक अन्य तीर्थ वाराणसी भी है। यह भी अपना विशेष महत्त्व रखता है। इसे काशी कहते हैं। यहां सभी देवता निवास करते हैं। काशी का मन में ध्यान करने वाले जन समस्त पापों से मुक्त होकर शिवलोकवासी हो जाते हैं। देह त्याग करते समय भी काशी का नाम मात्र लेने वाला व्यक्ति शिवलोक का अधिकारी हो जाता है। इस सकल जगत् के कल्याण करने वाले लिंग रूप धारी भगवान् शिव भी जिन पवित्र गंगा को अपने सिर पर धारण किए रहते है उस गंगा का माहात्म्य कौन वर्णित कर सकता है। वास्तव में स्वयं भगवान लिंग रूप धारी शिव भी विष्णु रूप ही हैं और शक्ति, शंख, चक्र और दुष्टात्मा जीव ही शिव एवं विष्णु में भेद करते हैं। जबकि सच यह है कि कारण भेद से यह अंतर स्वयं बना हुआ है। कारणों के कारण आदि देव विष्णु ही विश्व का सृजन करने के लिए ब्रह्मा रूप में अवस्थित हो जाते हैं विष्णु देव के स्वरूप से इस चलायमान जगत का पालन करते हैं और रुद्र देव के रूप में प्रलय किया करते हैं। इस तरह ब्रह्मा-विष्णु- महेश तीनों रूपों में एक आदि-देव विष्णु की तीनों मूर्तियां कारण, कर्म, भेद में

होवा पृथक नामों से जाना जाता है। इस तथ्य की उपेक्षा करने वाला भेद बुद्धि से इन्हें अलग मानने वाला घोर नरक का गामी होता है; दारुण यातनाएं सहता है जबकि तीनों रूपों में एकात्म भाव रखने वाला शाश्वत आनन्द का भागी होता है। यही शास्त्रों का विवाद से परे एक अटल सिद्धांत है। इस प्रकार यह मान लेना चाहिए कि वाराणसी में विश्वेश ज्योति लिंग भगवान् विष्णु ही हैं। वाराणसी में इस ज्योतिर्मय लिंग रूपधारी शिव के दर्शन से ही मनुष्य ज्योतिर्मय शिवलोक की प्राप्त करता है। वाराणसी की परिक्रमा करने वाले श्रद्धालु को सात सागरों, सात द्वीपों तथा पर्वतों एवं वनों वाली सारी पृथ्वी की परिक्रमा करने वाला सुफल प्राप्त होता है। गंगा के समान ही पुराण श्रवण का महत्त्व हैं। पुराण के रचनाकार श्री व्यासजी के प्रति भक्ति भाव से पूजा आराधना का सुफल प्रयाग के समान ही फलदायी होता है।

इस समस्त पृथ्वी पर गंगा के समान पवित्र नदी, विष्णु के समान अन्य देवता, माता के समान अन्य कोई गुरु तथा गुरु के समान अन्य कोई तत्त्व नहीं। जिस तरह नक्षत्रों में चन्द्रमा चारों वर्णों में ब्राह्मण समस्त सागरों में क्षीरसागर श्रेष्ठ हैं उसी प्रकार नदियों में श्री गंगा नदी पवित्रतम एवं श्रेष्ठ व सर्वोत्तम है।

गंगा नदी में स्नान करके गायत्री मंत्र का जाप करने से मनुष्य के सभी पाप नष्ट हो जाते हैं उसे निवृत्ति मिल जाती है। विष्णु सहज ही प्रसन्न हो जाते हैं। गायत्री समस्त छंदों की तथा गंगा समस्त लोकों की माता है। इसके विधिपूर्वक सेवन से चारों पुरुषार्थ सहज सुलभ हैं। साथ ही अन्यान्य सभी कामनाएं भी पूर्ण हो जाती हैं। सगर वंश में जन्मे सौदास राक्षस का उद्धार गंगा के हाथों ही हो सका था।

आपको विदित होगा-सूर्यवंशी राजा वृक का पुत्र बाहु बड़ा पराक्रमी धर्मात्मा और कुशल प्रशासक था। अपने राज्यकाल में उसने चारों वर्गों के प्राणियों को अपने-अपने धर्म कर्म में संस्थापित किया था। राजा बाहु ने सातों द्वीपों में सात अश्वमेध यज्ञ किए थे तथा ब्राह्मणों को पूरी श्रद्धा एवं भक्ति से गौ, भूमि, स्वर्ण मुद्राएं, धनादि देकर पूर्ण संतुष्ट किया था। राजा बाहु का यह विशिष्ट गुण था कि वह सज्जनों का सम्मान करता था, उनके

प्रति उदार था। लेकिन दुष्टों, आततायियों एवं तस्करों के लिए मृत्यु के समान था। उसके इसी कठोर दण्ड विधान के कारण सारे राज्य में सुख, शांति, वैभव एवं उल्लास का साम्राज्य था। सब ओर शांति थी। धरती से पर्याप्त अन्नादि प्राप्त होते थे। वर्षा की भी पूरी कृपा रहती थी। कृषि एवं व्यापार में भी राज्य में खुशहाली थी। प्रजा पूरी तरह संतुष्ट थी। कुछ समय पश्चात् ही दैव की कुछ ऐसी कुदृष्टि हुई कि राजा बाहु को अपने लोकपाल होने का भ्रम हो गया। उसमें अहंकार की भावना जाग्रत हो गई। वह अपने को यज्ञ कराने वालों में, दान देने वालों में, पुण्यात्माओं एवं धर्मात्माओं में, बल एवं पौरुष में सर्वोपरि मानने लगा। इस भ्रम में वह अपने को दूसरे अन्य राजाओं से श्रेष्ठ समझने लगा इसलिए वह अपने को भोक्ता तथा दूसरे जनों को भोग्य समझने लगा। इस अहंकार के कारण उसमें काम- भावना जग गई। यौवन, धन, संपत्ति, प्रभुत्व और अविवेक सभी साधन उसके पास समन्वित रूप में थे। इसमें से तो एक के होने पर भी व्यक्ति का पतन अवश्यंभावी है। राजा बाहु के पास तो इन चारों का अपरिमित भंडार था तब उसके परिणाम की तो कल्पना ही नहीं की जा सकती। इसी कारण लोभ से ग्रस्त राजा दूसरों की समृद्धि से जलने लगा। उनकी धन-सम्पत्ति का अपहरण करने लगा। प्रजाजनों की सुंदर कन्याओं एवं कुलवधुओं को अपनी अंकशामिनी बनाने लगा। एक उदारमना- धर्मात्मा राजा के इस प्रकार पतन को देखकर हैहय तथा तालवंशी राजा उसके शत्रु हो गए। राजा बाहु को अवसर पाकर युद्ध में पराजित कर उसके राज्य को हड़पा और उसे गद्दी से उतार दिया।

गद्दी से उतरा अपदस्थ राजा बाहु अपनी दो पत्नियों- कनिष्ठा और ज्येष्ठा को लेकर वन में चला गया। कनिष्ठा उस समय गर्भवती थी। वन में ही एक सुंदर से सरोवर के किनारे आकर उसका मन वहीं रहने का होने लगा। यहां उसे यह देखकर आश्चर्य हुआ कि सरोवर के पक्षी उसे देखते ही अपने-अपने घोंसलों में छिप गए। वास्तव में पक्षी यह जानते थे कि इस अहंकारी और ईर्ष्या डाह रखने वाले राजा की शक्ल देखना भी पाप है। राजा को अपने बारे में इस प्रकार पक्षियों के विचार जानकर घोर कष्ट एवं ग्लानि हुई। सरोवर में उसने अपनी पत्नियों के साथ स्नान तो किया लेकिन अपने कुकर्मों का स्मरण करते हुए

उस स्वय हा स्फुरण सा हान लगा। आत्म-ग्लानिवश वह समय स पूव हा बूढ़ा-सा हा गया और कुछ ही समय बाद मृत्यु को प्राप्त हुआ।

राजा की गर्भवती पत्नी कनिष्ठा ने पति की इस प्रकार मृत्यु से दुःखी होकर साथ में सती होने का विचार किया। पास ही महर्षि और्व का आश्रम था। जब महर्षि को रानी के इस प्रकार सती होने के विचार का पता चला तो स्वयं आकर उन्होंने रानी से यह कहते हुए कि तुम्हारे गर्भ में एक कांतिमान शत्रुओं को मारने वाला पुत्र विद्यमान है कुल के उद्धार के लिए उसके सती होने को रोका। शास्त्र के अनुसार गर्भवती स्त्री के लिए सती होना निषिद्ध है और शास्त्र का उल्लंघन करने वाली हठी स्त्री का कभी उद्धार नहीं हो पाता है। अत: कनिष्ठा के स्थान पर जब ज्येष्ठा सती होने के लिए प्रस्तुत होने लगी तो महर्षि और्व ने कनिष्ठा के इस जगत में अकेले रह जाने का संदर्भ देते हुए उसके सती होने का भी अनौचित्य सिद्ध किया और अपनी बहन के गर्भ की सुरक्षा के लिए ज्येष्ठा के जीवित रहने को आवश्यक बतलाया। संतप्त रानियों ने मुनि के उपदेशानुसार मृत पति के सभी और्ध्व कर्म पूर्ण किए और तदुपरांत मुनि के आश्रम में आकर रहने लगीं।

छ: मास बीत जाने पर ज्येष्ठा अपनी सपत्नी कनिष्ठा के पुत्रवती होने को अपना दुर्भाग्य समझते हुए भाग्य को कोसने लगी। ज्येष्ठा ने कनिष्ठा को अपने विश्वास में लेकर उसे विष दे दिया। महर्षि और्व यह रहस्य जान गए। उन्होंने अपने तप के प्रभाव से गर्भ और रानी कनिष्ठा दोनों की सुरक्षा कर ली। तीन मास पश्चात् वह विष युक्त बालक उत्पन्न हुआ। मुनि ने उस बालक को विष गार्व सहित उत्पन्न होने के कारण 'सगर' नाम दिया। विधिविधानपूर्वक उसके जातकर्म संस्कार आदि संपन्न कराए। यथासमय उसका मुंडन एवं उपनयन आदि संस्कार भी कराए। शास्त्रों एवं शास्त्र विद्या से भूषित किया। यह बालक सगर मुनि के निकट रहते हुए उनकी सेवा करने लगा।

एक बार बालक सगर ने अपनी माता से अपने पिता के संबंध में जानना चाहा और उनसे मिलने की अभिलाषा प्रकट की।

माता कनिष्ठा ने उसे सारी व्यथा कथा कह सुनाई। अबोध बालक पिता की मृत्यु एवं माता के कष्ट से क्षुब्ध हो उठा। उसने अपने शत्रुओं को जड़मूल से समाप्त करने का व्रत लिया। महर्षि और्व की आज्ञा से गुरु एवं माता को प्रणाम करके बालक सगर आश्रम से अपने संकल्प के साथ प्रस्थान कर गया।

महर्षि और्व के आश्रम से चलकर वह बालक सगर अपने कुलगुरु श्री वसिष्ठजी के आश्रम में पहुंचा। वसिष्ठ प्रातिभचक्षु थे। उन्होंने अपने दिव्य ज्ञान से सगर के मन के भाव पढ़ लिए। अत: उसे शिष्यवत् सभी ऐंद्रास्त्र, ब्रह्मास्त्र, वरुणास्त्र, आग्योस्त्र के अतिरिक्त वज्रोपम खड्ग धनुष के साथ अपना अमोघ आशीर्वाद देकर युद्ध- निपुण एवं विजय-विश्वासी बनाकर संकल्प पूरा करने के लिए भेजा।

सगर ने शत्रुओं से भीषण युद्ध किया। शत्रु सगर के प्रचंड प्रहारों को सहन न कर सके। अधिकांश शत्रु नामशेष हो गए। शेष इधर-उधर प्राण रक्षा के लिए महर्षि वसिष्ठ की शरण में भी आ गए और महर्षि से अभय दान मांगने लगे। सगर को यह समाचार मिला तो वह भी शत्रुओं का पीछा करते-करते महर्षि के आश्रम तक आ गया।

महर्षि वसिष्ठ ने सभी शरणागत राजाओं उनके सहयोगियों आश्रितों के दाढ़ी-मूंछ मुंडवाकर उनको अपमानित करते हुए मृतप्राय सा कर दिया। अपने शत्रुओं को इस प्रकार हतोत्साहित एवं मृतप्राय देव सगर को प्रसन्नता तो हुई किन्तु मन का दाह न गया अत: उसने गुरु वसिष्ठ से शरणागातों के निष्क्रमण का अनुरोध किया। उसका तर्क था-नम्रता दिखलाने वाले दुष्टात्मा शत्रु का दूतकर्मी मित्र का तथा पतित भार्या का विश्वास करने वाला स्वयं भी शीघ्र ही विनाश का भागी हो जाता है। इसलिए अपना कल्याण चाहने वाले व्यक्ति को भूलकर भी शत्रु के समर्पण और दासृय भाव का वेश्याओं की मित्रता का तथा विषधरों की सज्जनता का विश्वास नहीं करना चाहिए। वसिष्ठजी ने सगर के इस प्रकार तर्क को सुनकर प्रसन्न मन से उसे प्रेम से आशीर्वाद देते हुए कहा-वत्स! तुम सत्य कह रहे हो। किन्तु जिस प्रकार तुमने शत्रु को जड़ से समाप्त करने की प्रतिज्ञा की थी उसी प्रकार मैंने भी इन्हें शरण देकर इनकी रक्षा का आश्वासन दिया है। मेरी रक्षा में आए ये केश-श्मश्रु

मुडित राजा-स्वयं मृतप्राय हो तो है। अत: इन मृत्यु को प्राप्त हुए शत्रुओं को मारकर तुम क्यों पाप के भागी बनते हो। तुम्हें ऐसी चेष्टा नहीं करनी चाहिए।

गुरु वसिष्ठ के गौरव और गरिमा के प्रति नत सगर ने क्रोध शांत करके उन्हीं के अनुकूल आचरण किया। गुरु वसिष्ठ ने इस भाव से प्रसन्न होकर हृदय से उनके प्रति आत्मीय भाव दर्शाते हुए-उनको आसन दिया। तपस्वी ऋषियों के परामर्श से शास्त्रोक्त विधान द्वारा सगर का राज्यभिषेक करते हुए उन्हें राजगद्दी पर अधिष्ठित किया।

राजा बनने के पश्चात् सगर ने विदर्भ देश के राजा कश्यप की कोसिनी तथा सुमति नाम की कन्याओं से विवाह किया। इधर सगर के द्वारा शत्रुओं का उन्मूलन करके राजा बनने का समाचार पाकर महर्षि और्व सगर की राजधानी में पधारे और अपना आशीर्वाद देकर वापस आश्रम लौट आए।

महाराज सगर की रानियों ने महर्षि और्व से पुत्र-प्राप्ति की कामना की। ऋषि त्रिकालदर्शी थे। योगमाया से उन्होंने उनके भविष्य को जानकर उन्हें भाग्यशाली कहते हुए बताया कि दोनों में से एक रानी के यहां केवल एक पुत्र होगा और दूसरी के साठ हजार पुत्र होंगे। अब यह निश्चय करके बताओ कौन क्या चाहती है? यह सुनकर केसिनी ने केवल एक वंशधर की कामना की तथा सुमति ने साठ हजारों पुत्रों की कामना की! मुनि के आशीर्वाद स्वरूप केसिनी के यहाँ 'असमंजस' नाम का मात्र एक पुत्र उत्पन्न हुआ तथा सुमति के यहां साठ हजार पुत्रों ने जन्म लिया। रानी केसिनी का पुत्र स्वतंत्र विचारक एवं उन्मत था जबकि सुमति के सभी पुत्र दुर्व्यसनों में लिप्त कुमार्गी हो गए। सगर अपने इन पुत्रों के क्रिया-कलाप से बड़े दुःखी एवं खिन्न रहने लगे। दैव कृपा से केसिनी का पुत्र असमंजस अंशुमान बड़ा धर्मात्मा और शास्त्रों का ज्ञाता पुत्र उत्पन्न करके शीघ्र ही मृत्यु को प्राप्त हो गया। अंशुमान रूपी पौत्र को पाकर सगर को काफी संतोष का अनुभव हुआ। राजा सगर अंशुमान के सहयोग से ही यज्ञ, कर्मादि धार्मिक अनुष्ठान संपन्न करने लगे।

कुछ समय पश्चात् महाराज सगर ने वसिष्ठ आदि मुनियों के सत्परामर्श से अश्वमेध यज्ञ का आयोजन किया। सुनियोजित कार्य- क्रमानुसार देवराज इंद्र ने अवश्मेध यज्ञ के

अश्व का अपहरण करके पाताल में कपिल मुनि के आश्रम में ले जाकर बांध दिया। यज्ञ के इस अश्व की सुरक्षा का सारा दायित्व सगर ने अपने साठ हजार पुत्रों पर सौंप रखा था। अश्व के पीछे-पीछे चलते हुए सगर पुत्र सहसा अचानक अश्व के गायब हो जाने पर आश्चर्यचकित रह गये। सारी पृथ्वी पर भी खोजने पर अश्व जब नहीं मिला तो यज्ञ की सफलता और हित के लिए अश्व को लाने में प्रस्तुत पुत्रों ने पाताल तक में जाने की योजना बनाई। इसके लिए पृथ्वी की खुदाई करके जब वे पाताल में पहुंचे तो वहां कपिल मुनि के आश्रम में वह अश्व बंधा खड़ा था। वहां मुनि ध्यानमग्न अवस्था में तपलीन समाधिस्थ थे। अपने अहंकार में विवेक खोए सगर पुत्रों ने मुनि को कपटी, घोड़े को चुराने वाला, तथा डर से आंखें मूंदकर समाधि का ढोंग करने वाला पाखंडी आदि अपशब्दों से संबोधित किया। परम तप लीन कपिलजी को दुष्ट पुत्रों के अपशब्दों का ज्ञान तो नहीं हो पाया किन्तु जब उन्होंने कपिल मुनि पर पाद-प्रहार करना प्रारंभ किया तो मुनि की समाधि टूट गई। मुनि को समाधि से चैतन्य रूप में देख सागर पुत्र और अधिक दुष्टता पर उतर आए तो कपिल मुनि को उत्पाती सगर पुत्रों के वास्तविक रूप का तुरन्त आभास हो गया। क्रोधी मुनि ने अपने नेत्रों की अग्नि से क्षणभर में उन सभी को भस्म कर दिया।

राजा सगर को जब यह समाचार मिला कि महर्षि कपिल के शाप से उनके पुत्र भस्मीभूत हो गए हैं तो उन्होंने इसे दैव का विधान मानकर संतोष कर लिया। ऋषि-मुनियों ने जब पुत्रहीन को यज्ञ का अनधिकारी होने का विधान बताया तो राजा सगर ने अपने पौत्र अंशुमान को पुत्र रूप में ग्रहण किया और उसे यज्ञाश्व लाने का कार्य सौंपा। अंशुमान सगर पुत्रों के रास्ते ही पाताल पहुँचे। महामुनि कपिल के सामने उनके परम तेजस्वी स्वरूप को देखकर पहले तो उन्हें अत्यंत श्रद्धापूर्वक साष्टांग किया और तदुपरांत उनसे विधिवत् आज्ञा पाकर निवेदन किया कि मेरे चाचाओं के दुर्व्यवहार से आपको कष्ट हुआ और सम्मान को ठेस पहुँची। उसके लिए मैं नतशिर हूं। आपने उन्हें सही दण्ड दिया। लेकिन हे परोपकारपरायण क्षमाशील महात्मन् मैं उनका वंशज आपसे उनके लिए क्षमा की विनती करता हुआ यह निवेदन करता हूँ कि कृपया अपने आशीर्वाद से मेरे दादा के यज्ञ को

सफल बनाकर अनुग्रहीत करें और साथ ही मेरे भस्मीभूत पितरों को सद्गति प्रदान करने की कृपा करें।

अंशुमान के इस प्रकार विनम्र और श्रद्धाभाव से प्रसन्न होकर कपिल मुनि ने उससे कहा-हे वत्स! तुम्हारे पितरों का उद्धार तो तुम्हारे पौत्र द्वारा स्वर्ग से लाई गई भगवती गंगा के पवित्र जल से ही संभव हो सकेगा। लेकिन इस समय तुम इस यज्ञाश्व को ले जाकर अपने पितामह का यज्ञ पूरा करो, मेरा आशीर्वाद तुम्हारे साथ है। अंशुमान ने मुनि की आज्ञा से अश्वमेध यज्ञ का घोड़ा अपने पितामह के सामने प्रस्तुत कर दिया और मुनि के साथ हुए पूरे संवाद का समाचार सुनाया। राजा सगर का यज्ञ पूर्ण रूप से सफल हुआ और इसके सुफल में उन्हें भगवान् विष्णु ने प्रसन्न होकर परमपद प्रदान किया।

अंशुमान के पुत्र दिलीप के पुत्र भगीरथ के उग्र तप से प्रसन्न ब्रह्माजी ने उन्हें गंगा को पृथ्वी लोक पर लाने का वरदान दिया और शिवजी को प्रसन्न करके गंगा के प्रवाह को अपनी जटाओं में धारण करने का वरदान प्राप्त किया। इस प्रकार भगीरथ की अथक साधना के फलस्वरूप गंगाजी का पृथ्वी पर आगमन हुआ और उनके पवित्र जल के स्पर्श से सगर पुत्रों का उद्धार हुआ।

भगीरथ के वंश में ही जन्मे सुदास के पुत्र मित्रसह को जिसे सौदास कहा गया वशिष्ठ मुनि के शाप से राक्षस हो जाने पर भगवती भागीरथी के जल से ही मुक्ति मिल सकी। वस्तुत: सौदास अपने पिता की तरह धर्मज्ञ और पुण्यात्मा था। वह प्रजावत्सल, धर्मरक्षक, गोपालक, ब्राह्मणभक्त, तो था ही। वैर-विरोध, ईर्ष्या-द्वेष और अहंकार से युक्त एक महानुभाव था। अड़तीस वर्षों तक उसने अनेक ऐश्वर्यों का उपयोग करते हुए शासन किया।

एक समय की बात है राजा मित्रसह अपने मंत्रियों और सिपाहियों के साथ शिकार खेलने गए। उनके साथ निषादवर्ग तो मृगों का शिकार करने लगे लेकिन प्यास से आतुर राजा रेवा नदी के तट पर पहुँच गए। स्नानादि कर्म से निवृत्त होकर वहाँ उन्होंने भोजन किया और वहीं रात्रि बिताई। दूसरे रोज रेवा तट पर घूमते हुए, एक मृग के पीछे दौड़ते हुए अश्वारूढ़ राजा ने मैथुनरत व्याघ्र दंपत्ति को देखकर मृग का पीछा छोड़ दिया और बाण से

प्रहार करत हुए व्याघ्रा का मार दिया। अपना प्रियतमा का मृत दख व्याघ्रयाान म पड़ हुए राक्षस ने राजा को इसका प्रतिशोध लेने की चुनौती दी और तेजी से जंगल में भाग गया। राजा को अपने इस कृत्य पर बहुत पश्चात्ताप हुआ। यहां तक कि उसने शिकार खेलना ही बंद कर दिया लेकिन वह चेतावनी से सदा सशंकित रहता था।

कुछ समय पश्चात् राजा मित्रसह ने अवश्मेध यज्ञ किया और वशिष्ठ आदि सिद्ध मुनियों को पौरोहित्य कर्म के लिए आमंत्रित किया। यज्ञ समाप्ति के बाद वशिष्ठ आदि मुनि निवृत्ति के लिए कुछ समय को बाहर चले गए तो इस बीच व्याघ्रयोनि के राक्षस ने शीघ्रतापूर्वक वशिष्ठ मुनि के छद्म रूप में आकर राजा को आदेश दिया कि मैंने तुम्हारा यज्ञ कार्य पूरा कराकर तुम्हें आप्तकाम किया है। अब तुम शीघ्र ही मेरी इच्छानुसार मेरे लिए नरमांस प्रस्तुत करो। मैं क्षण भर में आता हूँ। व्याघ्र बाहर चला गया और इतने ही समय में गुरु वशिष्ठ भी पधार गए। राजा ने लौटकर मुनि के सामने नरमांस प्रस्तुत किया। जिसे देख विक्षुब्ध मुनि ने न खाने योग्य पदार्थ के प्रस्तुत करने के दुस्साहस के दंड रूप में राजा को नरमांस भक्षी राक्षस होने का श्राप दे दिया। राजा मित्रसह उनके इस व्यवहार से हतप्रभ रह गया और विनम्र स्वर में बोला- आचार्य प्रवर मैंने तो आप ही के आदेश का पालन किया था। अभी कुछ क्षण पूर्व ही तो आपने मुझे यह नरमांस भोज्य पदार्थ के रूप में लाने का निर्देश दिया था। राजा के द्वारा यह बात सुनकर मुनि ने सारा रहस्य जान लिया कि किस प्रकार व्याघ्र रूपी राक्षस ने छद्म रूप में अपनी चेतावनी को पूरा किया। लेकिन फिर भी उन्होंने शाप को लौटाना स्वीकार न किया। मुनि के इस प्रकार अटल निश्चय को देखकर अकारण ही अपने आपको शाप का भागी बनने से कुपित होकर स्वयं वशिष्ठ को शाप देने के लिए हाथ में जल ग्रहण किया। मित्रसह की पत्नी मदयंती ने गुरु वशिष्ठ के प्रति इस प्रकार व्यवहार करने से रोकते हुए राजा को समझाया-बुझाया। राजा मित्रसह ने हाथ का वह शापित जल स्वयं ही पैरों पर डाल दिया क्योंकि वह अभिमंत्रित जल कहीं भी पड़ने पर किसी वस्तु व स्थान को जलाकर भस्म कर सकता था। पैरों पर जल गिरने से उसके पैर काले हो गए इसीलिए मित्रसह को कल्माषपाद भी कहा जाता है।

राजा कल्माषपाद ने अपने अविवेक के लिए गुरु वशिष्ठ से बार-बार अभिवादन करते हुए क्षमायाचना की। राजा से प्रसन्न मुनि ने शाप की अवधि बारह वर्ष के लिए सीमित

करते हुए कहा कि भगवती भागीरथी के पवित्र जल से बारह वर्ष पश्चात् तुम्हारी यह राक्षसी देह हट जायेगी और तुम्हें परम-शांति प्राप्त होगी। मुनि वशिष्ठ यह कहते हुए अपने आश्रम को लौट गए और राजा मित्रसह भूख-प्यास, सर्दी-गर्मी, वर्षा, ज्वर-पीड़ा भोगता हुआ, अन्यानेक जीवों की हत्या करता हुआ, अपनी कुरूप आकृति में नरमांस भक्षण करता हुआ वन-वन भटकने लगा।

एक बार राजा कल्माषपाद ने दैवयोग से नर्मदा तट पर अपने आश्रम में एक मुनि को अपनी पत्नी के साथ रमण अवस्था में देख लिया। वह भूख से व्याकुल था अत: मुनि को ही निगलने के लिए आतुर हो गया। मुनि पत्नी राजा कल्माषपाद के शाप से परिचित थी अत: अपने पति की मुक्ति के लिए करबद्ध विनय करती हुई बोली- हे नर शार्दूल आप अपने वास्तविक रूप को भूले हुए हैं, आप तो अत्यन्त पवित्र, सूर्य- वंशी, कुलीन और धर्मात्मा, मित्रसह है। आप यह दुष्कृत्य क्यों कर रहे है। मैं माता-पिताहीन सर्वथा असहाय और अनाथ हूँ। मुझे क्यों विधवा बना रहे हैं। मेरे एकमात्र रक्षक पति को मुझसे मत छीनिए। लेकिन राक्षस योनि के प्रभाव से मित्रसह पर उसका कोई प्रभाव नहीं पड़ा। उसने मुनि को निगल दिया। पतिहीना उस सन्नारी ने क्रोधित होकर राजा को शाप दे दिया- "तुम्हारा यह राक्षसत्व कभी समाप्त नहीं होगा, और जिस प्रकार तुमने रतिक्रीड़ा में आसक्त मेरे पति को मुझसे छीनकर मुझे पति-विहीन कर दिया है तुम भी स्त्री संसर्ग करते ही मृत्यु को प्राप्त हो जाओगे।"

राजा मित्रसह ने एक अपराध के लिए दो-दो शापों को सुनकर क्रोधित हो ब्राह्मणी को भी पुत्र सहित राक्षसी हो जाने का शाप दे दिया। वे माता-पुत्र राक्षस रूप में नर्मदा तट पर ही एक वृक्ष पर निवास करने लगे।

यह वट वृक्ष पहले एक ब्रह्म राक्षस का निवास-स्थल था। अब वहां एक ब्राह्मणी राक्षसी और मित्रसह राक्षस को देखकर उसने उनसे वहां आने का कारण पूछा। दोनों ने अपना-अपना वृत्त उस ब्रह्म-राक्षस को कह सुनाया। इसके बाद उस ब्रह्म-राक्षस से मित्रसह ने यह पूछा कि तुम इस रूप में कैसे आए बिना किसी शंका के बताओ। यह सुनकर वह

ब्रह्म राक्षस बोला-मैं सोमदत्त नाम का ब्राह्मण हूं। मगध-निवासी हूं। वेदज्ञानी और धर्मपरायण था। अपने ज्ञान, धन और यौवन के मद में मैं इतना अंधा हो गया था कि मैंने अपने गुरु देव की भी अवमानना शुरू कर दी। मेरी यह दुर्गति उसी का दुष्फल है। इस ब्रह्म राक्षस योनि में मैंने अनेक ब्राह्मणों की हत्या की लेकिन मेरी तृप्ति नहीं हो सकी। मैं सदैव उद्विग्न रहता हूँ। मेरा यह राक्षसत्व गुरुजनों की अवमानना का ही दुष्फल है।

गुरु का स्वरूप बतलाते हुए ब्रह्मराक्षस ने बारह प्रकार के गुरुओं का उल्लेख करते हुए कहा कि – **"वेदों का अध्यान करने वाला, वेदों के गूढ़ अर्थ को बताने वाला, धर्मोपदेशक, नीतिशास्त्रज्ञ, मंत्रज्ञाता, वेदभ्रांतियां मिटाने वाला, भय से रक्षा कराने वाला, अन्नदान करने वाला, गर्भाधान कराने वाला, अग्रज, श्वसुर, मातामह और मातुल आदि तथा उपनयन संस्कार कराने वाला अथवा व्रत उपवास के विधिविधान बताने वाला-** ये बारह प्रकार के गुरु होते हैं।"

यद्यपि सभी गुरु पूजनीय हैं किन्तु फिर भी महत्त्व की दृष्टि से, मंत्रों के व्याख्याता, उपदेश देने वाले ब्राह्मण तथा गर्भाधान करने वाला पिता ही अधिक पूज्य है। इनमें भी जीवन-मरण के बंधन से मुक्ति दिलाने वाला पुराण का व्याख्यता गुरु सर्वोत्तम पूज्य है। उसकी सदैव आज्ञा माननी चाहिए। कभी अवज्ञा नहीं करनी चाहिए अन्यथा बड़ी हानि हो जाती है। ऐसे महाज्ञानी पुराण वेत्ता गुरु की निन्दा सुनने या करने से अध:पतन हो जाता है। जिस किसी ने जब कभी गुरुकथन की उपेक्षा या अवज्ञा की है उसे ब्रह्मराक्षस के समान ही भटकना पड़ेगा। स्वयं ब्रह्मराक्षस द्वारा उत्कृष्ट पुराण वेत्ता महात्मा गौतम का अपमान करने से यह योनि शाप स्वरूप प्राप्त हुई।

गौतम के अपमान और ब्रह्मराक्षस योनि को विस्तार से बताते हुए ब्रह्मराक्षस ने कहा- एक बार मैं शिव मंदिर में भगवान् शिव की बड़ी लगन से पूजा- ध्यान अर्चना में व्यस्त था तभी वहां महर्षि गौतम पधार गए। पूजन में अपनी व्यस्ता के कारण मैं उनका यथोचित सम्मान नहीं कर सका। गुरु तो गहन-गंभीर, महामेधावी, तपोनिधि वीतराग महात्मा थे। उन्हें आदर और निरादर का कोई विचार ही नहीं था। उन्होंने मेरी संलग्नता को सहज भक्ति

रूप में लिया। लेकिन भगवान् शंकर ने अनुशासन के इस अतिक्रमण को अवज्ञा मानते हुए ब्रह्मराक्षस हो जाने का शाप दे दिया। इस शाप के कारण ही मैं अनेक कष्टों को भोगने का भागी बना।

ब्रह्म राक्षस की मुक्ति भी गुरु-महिमा गान से ही संभव हो सकी। कलिंग देशवासी गर्ग नाम के एक ब्राह्मण का संयोगवश वहां आगमन हुआ। राक्षस और पिशाचनी उस ब्राह्मण को अपना भोजन बनाने के लिए दौड़े। लेकिन प्रभु भक्ति में लीन उस ब्राह्मण को पकड़ने में वे सफल न हो सके। ब्राह्मण की इस विशिष्ट शक्ति को देखकर उन्होंने ब्राह्मण को प्रणाम करते हुए अपने उद्धार की प्रार्थना की। ब्राह्मण द्वारा उच्चरित हरि नाम से ही उन्हें अपूर्व शांति मिल रही थी। ब्राह्मण द्वारा उस राक्षस और पिशाचनी पर तुलसीदल से सुगंधित परम-पवित्र गंगाजल के छीटों से मुक्ति हो गई और पर्व रूप में आ गए। हरि नाम स्मरण से ही वे विष्णु लोक को प्राप्त हुए, लेकिन कल्माषपाद का उद्धार अब भी नहीं हुआ। अपने को अकेला पाकर जब कल्माषपाद दुखी हो उठा तो सरस्वती ने उसे धैर्य बंधाते हुए कहा कि तुम्हारे कर्मों का भोग पूरा होने पर स्वत: उद्धार हो जायेगा। राजा कल्माषपाद ने जब ब्राह्मण को अपनी व्यथा कथा सुनाई तो वह ब्राह्मण उसे अपने साथ वाराणसी ले आया। यहां आकर कल्माषपाद बने राजा मित्रसह ने निरंतर छ: मास तक गंगा स्नान और भगवान् विश्वनाथ का पूजन किया। जिसके सुफल से वह मैथुन-रत मुनिपत्नी द्वारा दिए गए शाप से मुक्त हो सका। अपनी नगरी में वापस लौटकर वसिष्ठजी द्वारा पुन: राज्यासीन किए जाने पर वह राजा सौदास निष्ठापूर्वक प्रजा पालन में लग गया। इस प्रकार संतति सुख भोगता हुआ सुचारु रूप से राज्य का संचालन करता हुआ विष्णु भक्ति में लीन मोक्ष का अधिकारी बना।

भगवती भागीरथी की उत्पत्ति की भी एक रोचक कथा है। दक्ष प्रजापति की दो पुत्रियां थीं-दिति और अदिति। दोनों का ही विवाह कश्यप मुनि से हुआ था। दिति से दैत्यों का और अदिति से देवों का जन्म हुआ था। देवताओं और दैत्यों का बराबर संघर्ष होता रहता था। दोनों ही एक-दूसरे पर विजय पाने के लिए युद्ध करते रहते थे।

दिति का पुत्र हिरण्यकशिपु बहुत बलशाली राजा था जिसका पुत्र प्रह्लाद प्रशस्त दैत्य था। प्रह्लाद का पुत्र विरोचन बड़ा धर्मात्मा था। विरोचन का पुत्र बलि महाबलशाली राजा हुआ। एक बार देवताओं और दैत्यों में भयंकर युद्ध हुआ। दैत्यों की सेना का सेनापति महाराज बलि था। अपनी सेना के बूते पर ही बलि ने सारी पृथ्वी को जीतकर अपने वश में कर लिया था। उसके पास कुशल और बहुत बड़ी सेना थी। सौ पुत्र थे। वाणासुर बलि पुत्रों में प्रख्यात वीर था। बलि ने अपनी विशाल सेना के साथ अमरावती पर आक्रमण कर दिया। देवताओं ने अपने आप को दैत्यों से घिरा जानकर युद्ध के क्षेत्र में मुकाबले के लिए बलि की चेतावनी स्वीकार की। दोनों ओर से सैनिको ने अपने-अपने शास्त्रों का निर्द्वंद्वता से प्रयोग किया। अंततः देवताओं की हार हो गई। दैत्य-शक्ति से भयभीत देवता स्वर्गलोक को छोड़कर भाग उठे और मनुष्य रूप में पृथ्वी पर विचरने लगे। दूसरी ओर राजा बलि इन्द्रासन पर बैठकर ऐश्वर्य-सुख भोगने लगा। उसका बल इतना अधिक बढ़ गया कि वह निरंकुश हो गया। अपने पुत्रों की इस प्रकार दुर्गति देखकर दुःखी और असमर्थ अदिति घर छोड़कर हिमालय पर चली गई जहां श्रीमन् नारायण भगवान् विष्णु के ध्यान में मग्न होकर भीषण तप करने लगी। पहले उसने बैठकर तप किया, फिर खड़े होकर, तत्पश्चात् एक पैर पर खड़े रहकर और अंत में एक अंगूठे पर। इसी प्रकार पहले फलाहार लेकर, फिर जलाहार लेकर और अंत में निराहार रहकर तप किया। अदिति की इस घोर तपस्या से भयभीत दैत्य लोग राजा बलि की प्रेरणा से उसके तप से उसे विचलित करने के लिए देवताओं के रूप में वहाँ पहुँचे। उन्होंने दैत्यों का डर दिखलाते हुए अदिति को तप से विरत करने की चाल चली। शरीर सुख को धर्म साधना के लिए महत्त्वहीन मानने का विधान जतलाते हुए तप-साधना में शरीर की उपेक्षा करने वाले को आत्मघाती कहकर उन्हें तप से विचलित करना चाहा।

उन्होंने कहा-आपके नामशेष हो जाने पर हम मातृहीन हो जाएंगे। अतः आप यह उग्र तप करना त्याग दें। लेकिन अपनी हर चाल को निष्फल हुआ जानकर दैत्यों ने क्रुद्ध होकर उसे मारने का विचार किया। पहले अपनी माया से भयंकर मेघों की गड़गड़ाहट पैदा की फिर अपनी दाढ़ी से अग्नि प्रज्जवलित करते हुए सब और आतंक फैला दिया। जिसके फलस्वरूप सारा वन प्रदेश, पशु-पक्षी, जीव-जंतु धांय-धांय जलने लगे। इस उत्पात में

दवमाता आदात का कुछ भा न ।बगड़ सका लाकन दत्य भस्माभूत हा गए। वास्तव म प्रभु में एक-निष्ठ भाव से लगे उनके शरणागतों की रक्षा के लिए ब्रह्मा, विष्णु, महेश आदि सभी देवता तत्पर रहते हैं। ऐसे भक्त को किसी प्रकार के ताप संतप्त नहीं करते।

अदिति की तपस्या को भंग करने में राक्षसों ने जो कुकृत्य किया उसके फल स्वरूप उसका बाल भी बांका न हो सका, जबकि दैत्यों का सर्वनाश हो गया। तप के सुफल रूप में श्री भगवान् विष्णु ने प्रसन्न होकर अदिति से वर मांगने का अनुरोध किया। अपने समक्ष श्री विष्णु भगवान् को उपस्थित देख अदिति ने अपनी सफलता पर हर्षित होते -हुए साष्टांग प्रणाम करते हुए पहले तो उनके दर्शनों का आभार प्रकट किया फिर विष्णु से कहा-हे प्रभु आपसे कुछ भी छिपा नहीं है-मेरे पुत्र सभी देवगण दैत्यों से पराजित होकर पृथ्वी पर मनुष्य रूप में भटक रहे हैं। आप उनका कल्याण करें। मैं दैत्यों के विनाश के लिए नहीं कहती मैं तो केवल मात्र अपने पुत्रों के लिए नष्ट वैभव की वापसी चाहती हूं। अदिति की इस प्रकार भक्ति से प्रसन्न और दिति के पुत्रों के प्रति भी उनके वात्सल्य भाव को देखकर भगवान् विष्णु ने उन्हें स्वयं अदिति के गर्भ से पुत्ररूप में उत्पन्न होकर उसके कष्ट-निवारण करने का आश्वासन दिया।

प्राप्त वरदान के प्रति अपना संकोच प्रकट करती हुई अदिति ने विष्णु भगवान् से कहा कि प्रभु! मैं आपके असीम तेज अतुल बल और सामर्थ्यवान गर्भ को किस प्रकार धारण कर सकूंगी। इस प्रकार श्री विष्णु ने इस सत्य को स्वीकार करते हुए अदिति को कहा कि यह भी एक रहस्य है जिसके जान लेने पर मेरे भक्त मुझे धारण कर लेने में समर्थ हो जाते हैं। पतिप्राणा, पति सेवी, पतिव्रता नारियां तथा गुरुभक्त, अतिथियों की सेवा करने वाला, ब्राह्मणचरणों का अनुरागी, तीर्थाटन करने वाला, सत्संग करने वाला, परोपकारी मनुष्य मुझे धारण करने में समर्थ हो जाता है। अत: पतिसेवी और गुरुभक्त अदिति के तप से प्रसन्न होकर श्री विष्णु ने उसे आश्वस्त करते हुए विदा किया। यथासमय अदिति ने पुत्र को जन्म दिया और कश्यप मुनि ने उस तेजोमय बालक को श्री विष्णु रूप जानकर बहुविधि स्तवन करते हुए उसका नाम वामन रखा। यह बालक धीरे- धीरे बड़ा होने लगा।

महा शक्तिशाली बलि ने अपने गुरु शुक्राचार्य के निर्देशन में अखंड काल तक चलने वाले यज्ञ का आयोजन किया। यज्ञ में उपस्थित व जन शील ब्रह्मवादी महर्षियों ने-जैसे ही हवि ग्रहण करने के लिए श्री नारायण का स्मरण किया वैसे ही श्री वामन अपने माता-पिता की आज्ञानुसार हवि ग्रहण करने के लिए आगे बड़े। सभी महर्षियों ने अपनी दिव्य दृष्टि से यह जान लिया कि वामन स्वयं श्री विष्णु ही हैं-अत: समय देखकर उनका स्तवन, आराधन किया तथा अपने पुरोहित कर्म पर प्रसन्नतापूर्वक भगवान् विष्णु की कृपा से कृतकृत्य होगा। स्वयं ऋषियों ने खड़े होकर वामन जी को हवि अर्पित की। स्वयं शुक्राचार्य भी तत्त्वज्ञानी थे अत: उन्होंने बलि को एक ओर ले जाकर यह रहस्य प्रकट कर दिया कि ये वामन महाराज स्वयं अदिति के गर्भ से उत्पन्न श्री विष्णु ही हैं। ये तुम्हारी श्री का अपहरण करके तुम्हें रसातल में पहुँचा देंगे। तुम भूलकर भी इन्हें कुछ देने का उपक्रम मत कर बैठना। यदि तुमने मेरी इस सलाह की उपेक्षा की तो समझना तुमने अपने लिए स्वयं संकट को बुला लिया है।

गुरु शुक्राचार्य ने आज तक जिस धर्मनीति का उपदेश बलि को दिया था उसी के विपरीत यह राय सुनकर बलि हतप्रभ रह गया अत: उसने इसके निवारणार्थ विनम्र भाव से निवेदन किया- हे प्रभू! स्वयं साक्षात् विष्णु मेरे समक्ष याचक बनकर आए हैं, मेरे लिए इससे बड़े सौभाग्य की क्या बात हो सकती है। जिन विष्णु की कृपा एवं लीला से यह चलायमान जगत स्थित है जिन्हें प्रसन्न करने के लिए अनेक मुनि-महर्षि कठोर से कठोर तप करते हैं वे श्री विष्णु स्वयं मेरे अहोभाग्य से मेरे यज्ञ में हवि-ग्रहण करने पधारे हैं तब मुझसे अधिक धन्य कौन हो सकता है। श्री विष्णु को प्रसन्न करने के लिए ही तो इस यज्ञ का आयोजन किया गया है अत: मैं श्री नारायण को अप्रसन्न कैसे कर सकूंगा।

यह बातचीत हो ही रही थी कि तभी यज्ञभूमि में श्री वामन जी पधार गए। वामन को आया देखकर स्वागत के लिए बलि अपना आसन छोड़कर खड़ा हो गया। साष्टांग प्रणाम करते हुए बहुविधि से उनका पूजन किया और उनके आगमन को अपना सौभाग्य जाना। उसने श्री वामन जी से कहा कि उनके आगमन से अनायास हो उसके घर में उत्सव जैसा

वातावरण बन गया है। मेरी सारी तपश्चर्या सफल हो गई। मेरा जीवन सार्थक हो गया। आपने सत्य का मार्ग दिखाकर मुझे अनुगृहीत कर दिया है।

वामनजी की इस प्रकार स्तुति वन्दना करते हुए बलि ने उनसे सेवा का अवसर प्रदान करने को कहते हुए कुछ मांगने का अनुरोध किया। बलि के इस प्रकार अनुग्रह के वचन सुनकर वामन ने कहा-राजन्! मुझे तो तपस्या करने के लिए केवल तीन पांव जमीन चाहिए। इस पर बलि को आश्चर्य हुआ-वह समझता था बलि कोई नगर, ग्राम, विपुल- संपदा आदि मांगेंगे। वामन ने बलि के चेहरे के भाव पढ़ते हुए कहा-हे राजन्! हम तपसवियों को धन-संपत्ति से क्या काम? हम राग-द्वेष से मुक्त, ज्ञान से समृद्ध, नित्य-आनंद में लीन धन का क्या करेंगे? हमारे लिए देय दाता और गृहीता में क्या भेद?

राजा बलि को विप्र वामन जी महाराज ने भूमिदान की महत्ता और पुण्यत्ता बताते हुए कहा-एक बार ब्राह्मकल्प में भद्रमति नाम का ब्राह्मण बुद्धिमान और वेदज्ञानी था। दैवयोग से वह श्रीहीन और दरिद्र हो गया। इस पर भी वह दिन-रात यज्ञ, अनुष्ठान, वेद-परायण और पुराण अध्ययन में लगा रहता था-जबकि वृत्ति और धन के अभाव में श्रुति, सिंधु मशोदेवी, कामिनी, यासिनी और शोभा नाम की पत्नियां और इनसे उत्पन्न चालीस पुत्र भूख से पीड़ित रहा करते थे। अपने परिवार को इस प्रकार भूख से व्याकुल देखकर वह ब्राह्मण अत्यंत दुःखी एवं विलाप करता रहता था। ऐसी दरिद्रता के समय ये अधिक पत्नियां और संतान बहुलता कोढ़ में खाज के समान है। इस तरह अत्यंत दुःखी भद्रमति अपने व्यथित एवं क्षुधित परिवार के साथ कौशांबी चला गया। वहां सुघोष नाम के एक अत्यंत सम्पन्न ब्राह्मण से पांच हाथ भूमि मांग ली। ब्राह्मण ने भद्रमति की दरिद्रता, ज्ञान और निष्ठा देखते हुए उसे वांछित जगह दे दी। भगवान् विष्णु के दूतों ने सुघोष के पूर्वजों को नरक-स्वर्ग के सभी कर्मफल भोगों से मुक्ति देते हुए भगवान् विष्णु का सान्निध्य लाभ करवाया। भद्रमति भूमि पाकर अपना जीवन सुखपूर्वक बिताने लगा और वह स्वयं भी बड़े मनोयोग से श्री विष्णु भगवान् के आराधन में लग गया। फलस्वरूप भद्रमति भी भगवान् कृपा से सांसारिक भोग प्राप्त करता हुआ अंत में सद्गति को प्राप्त हुआ।

भूमि दान के लिए संकल्प हेतु बलि देव ने जल को हाथ में लिया तभी दैत्य गुरु शुक्राचार्य ने प्रकट होकर उसका विरोध किया। उन्होंने बलि को उसके संकल्प से विरत करने का प्रयास किया। शुक्राचार्य को अपने अभीष्ट में सफल होते देख श्री वामन ने अपने हाथ के उग्रभाग को कुशा के रूप में जलपात्र की टोंटी में प्रविष्ट करा दिया। इसके चुभने से शुक्राचार्य की आँख से रक्त की धारा बह निकली वह एकाक्षी हो गए। वह असुरों से कुशा हटाने के लिए कहते हुए विलाप करने लगे। जबकि टोंटी से फूटी जलधारा संकल्प लेने के लिए राज बलि के हाथ पर आ गिरी। बलि संकल्प के लिए उद्यत हो गया। भगवान् विष्णु के वामन के रूप में अपने शरीर का इतना अधिक विस्तार कर लिया कि दो ही पग में सारी पृथ्वी नाप ली और तीसरा चरण ब्रह्मांड-कटाहपर्यंत पहुंच गया। वामन के चरण के अंगूठे से ब्रह्मांड दो भागों में खण्डित हो गया। इस प्रकार छिद्र से निकला जल प्रभु के चरणों का पक्षालन करने के पश्चात् मेरु पर्वत पर पहुंच गया। उस पवित्र जल से सभी देवता एवं सप्तर्षियों ने अपने को कृतकृत्य अनुभव किया।

वामन रूप में श्री विष्णु की यह अलौकिक एवं चमत्कारी लीला देखकर भावविह्वल देवों ने अनेक प्रकार से विष्णु की स्तुति-वंदना प्रारंभ कर दी। उनकी भक्ति एवं निष्ठा से प्रसन्न भगवान् ने उन्हें पुन: स्वर्ग लोक में प्रतिष्ठा प्रदान की और संकट मुक्त किया। जबकि स्वयं बलि तीसरा चरण धरती न दे पाने के कारण स्वयं को बधग्रस्त अनुभव करने लगा। अंत में बलि स्वयं मुक्ति की इच्छा से प्रभु की शरण में याचना करने लगा तो विष्णु भगवान् ने उसे न केवल बंधन मुक्त किया बल्कि रसातल में राजा भी बना दिया। स्वयं बलि के निश्छल अनुरोध पर उसका द्वारपाल बनना भी स्वीकार कर लिया। इस प्रकार पुन: अपने सीमित रूप में आकर फिर वामनरूप हो गए।

यह वृत्तांत सुनाते हुए सनक मुनि ने भगवान् विष्णु के वामन रूप में देवताओं के संकट दूर करने और बलि के अहंकार को नष्ट करने की कथा कह सुनाई। चरणांगुष्ठ से निकला जल यह पवित्र गंगा जल ही था जिसने देवताओं को पुन: श्री युक्त किया। भगवती गंगा का ही यह अद्भुत प्रभाव है कि मनुष्य इसके स्मरण मात्र से ही दैहिक, दैविक और भौतिक कष्टों से निवृत्ति पाता है और भगवान् विष्णु के सान्निध्य का अधिकारी बनता है।

तत्पश्चात् नारद जी द्वारा पूछे जाने पर कि- दान के अधिकारी के लक्षण क्या हैं? दान का सुपात्र कौन है, और, किसे यह दान नहीं देना चाहिए तथा दान का क्या फल है, और पुण्य की प्राप्ति किस प्रकार होती है? इस संदर्भ में श्री शौनक मुनि ने सगर के वंशज महाराज भगीरथ का यशगान वर्णन करते हुए कहा-एक बार धर्मराज स्वयं भगीरथ के आश्रम में पहुंचे भगीरथ ने धर्मराज का यथाविधि स्वागत-सत्कार किया और - उनसे ये ही तीन प्रश्न पूछे तो धर्मराज ने उन्हें यह रहस्य बताते हुए कहा था-कि चारों वर्णों में दान का सत्पात्र ब्राह्मण ही है। शूद्र,वैश्य और क्षत्रिय दान लेने के अधिकारी नहीं हैं। ब्राह्मणों में जो भी अपात्री हैं उनके लक्षण निम्नवत् हैं।

क्रोधी, अहंकारी, पुत्रहीन, परस्त्री गामी, दूसरे की वस्तु हरण करने वाला, नक्षत्र जीवी, ईर्ष्या- द्वेष रखने वाला, कृतघ्न, मायावी, हिंसक, लोभी, विद्या को बेचने वाला, वेतनभोगी, निर्दयी, शूद्र, तथा वेश्या के अन्न पर पलने वाला, विष्णु के प्रति अनासक्त, दिवा स्वामी, दिन में मैथुन करने वाला, संध्याकाल में भोजन करने वाला, गुरु पत्नी के साथ रमण करने वाला, जाति से निकला हुआ, भगिनी के साथ रमण करने वाला, स्वार्थी, प्रमादी, दुष्ट प्रकृति वाला, मदिरा पान करने वाला, मांस भक्षण करने वाला तथा पशु-वृत्ति वाला ब्राह्मण दान का अनधिकारी है।

दूसरी ओर आध्यात्मवादी, शास्त्र ज्ञाता, गुणी, सदाचारी, तपलीन, श्रोत्रिय, वेद पाठ करने वाला, तीनों समय संध्योपासना करने वाला, भजन शील, निर्लोभी, निरीह, निष्पाद, संतुष्ट, दूसरों का हित करने वाला, इंद्रिय-संयमी, उदासीन, काम- विमुख, सरल, स्वतंत्र, स्वाभिमानी, पवित्र, अपरिग्रही, सत्य बोलने वाला, कृतज्ञ, संयमी, धर्मपरायण ब्राह्मण को दान देने से शीघ्र ही मनुष्य अपने अभीष्ट को पा लेता है।

संसार में जीवन चलाने के लिए मनुष्य को धन कमाने, उसकी सुरक्षा करने, व्यय करने में, अपार कष्ट सहन करना पड़ता है। इसलिए इस जीवन में मनुष्य को सांसारिक होना ही पड़ता है। इकट्ठा किया गया धन तीन प्रकार से व्यवहृत होता है-दान में, भोग में तथा नाश में। धन का सर्वोत्तम आयोग दान में है। भोग में स्वयं का खाना-पहनना आदि

सुविधाओं के लिए आवास व्यवस्था में धन अपेक्षित होता है। जो व्यक्ति इन दोनों रूपों में धन का उपयोग नहीं कर पाता उसके धन की गति सही होती है अर्थात् धन का नाश होता है। अत: विद्वान एवं बुद्धिमान व्यक्ति को चाहिए कि वह धन का उपयुक्त प्रयोग करें।

स्वयं तथा अपने परिवार की सुख-सुविधाओं के लिए धन का प्रयोग मध्यम कोटि का उपभोग है। धन का उत्तम कोटि का उपयोग दान में है। इसीलिए दान के समकक्ष अन्य दूसरा सत्कर्म नहीं है। जो केवल अपना पेट भरते हैं, दूसरों के लिए कभी कुछ नहीं करते हैं, नही कुछ दान देते हैं वे मनुष्य रूप में पशु होते हैं।

दान के रूप और फलों की चर्चा करते हुए सनक ऋषि ने बताया-किसी आध्यात्मवादी क्षत्रिय को वृत्ति देने वाला पुण्य-भागी होता है, श्री विष्णु उसके इस कृत्य से प्रसन्न होकर विष्णुपद प्रदान करते हैं। कुओं का निर्माण या सरोवरों तथा जलाशयों को बनाने वाला मनुष्य सभी पापों में मुक्त होकर सौ वर्ष तक स्वर्गवास करता है और कार्य में प्रेरणा देने वाला मनुष्य अपनी सामर्थ्य के अनुरूप सहायता करने वाला भक्त भी उसी पुण्य का पात्र हो जाता है।

एक बार गौड़ देश में वीरभद्र नाम का एक बड़ा ही विद्वान प्रतापी और धर्मात्मा राजा राज्य करता था। राजा की पत्नी रानी चंपकमंजरी परमभाग्यशाली थी। बुद्धिसागर नाम का बड़ा ही कर्त्तव्यपरायण विवेकबुद्धि वाला तथा स्वामीभक्त मंत्री था। राजा के शासन में बड़ी जातियां तो संयत थी ही शूद्र भी अधर्म नहीं करते थे। एक दिन राजा अपने मंत्रियों के साथ शिकार खेलने के लिए गया लेकिन दुर्भाग्य से पूरा दिन इधर-उधर भटकने पर भी कोई शिकार हाथ नहीं लगा और राजा काफी थक गया। उसे बहुत प्यास भी लगी। वह घूमता भटकता हुआ एक बावड़ी के पास आकर रुक गया। लोग पहले से ही उसे घेरे खड़े थे। मंत्री ने दिमाग पर जोर देकर सोचा यहां पहाड़ी के पास इस बावड़ी को किसने बनाया होगा? और किस प्रकार इस सूखी बावड़ी को जलयुक्त किया जाए जिससे राजा की प्यास बुझ सके? मंत्री ने तत्काल ही अपने आदमियों को आदेश दिया कि बावड़ी को खोदा

जाए। शाघ्र हा वहा एक गड्ढा हा गया आर उसम जल भा निकल आया। इस प्रकार राजा और उसके साथ आए सैनिकों आदि ने अपनी प्यास बुझाई।

प्यास शांत हो जाने पर मंत्री ने राजा से कहा-लगता है यह बावड़ी वर्षा के जल से भरी रहती थी और अब सूख गई है। यदि आप आज्ञा दें तो इस बावड़ी को फिर से मरम्मत कराकर ठीक कर दिया जाए। राजा ने मंत्री के प्रस्ताव का समर्थन किया और यथोचित सहायता देने का आश्वासन दिया। राजा के अनुमोदन से मंत्री ने वहां एक बहुत बढ़ा सरोवर बनवा दिया। वहां काफी जल था। सभी वन्य प्राणी, पशु- पक्षी वहां जल से प्यास बुझाकर सुख का अनुभव करने लगे। मरने पर बुद्धिसागर जब यमपुरी आया और चित्रगुप्त ने उसका खाता देखकर बताया तो यमराज ने मंत्री के सरोवर निर्माण करने में राजा को उत्साहित करने में जो रुचि दिखलाई, वन्य पशुओं आदि को सुख पहुँचाने के कारण उसके अन्य कार्यों की ओर ध्यान न देते हुए बुद्धिसागर को स्वर्गिक सुख लाभ के लिए अमर पद प्रदान किया। राजा वीरभद्र को भी शरीर पूरा करने पर देवलोक प्राप्त हुआ अर्थात् जलाशय के निर्माण में इसका उपयोग भी उत्तम दान है।

कच्चे देवमंदिर-जिसमें भगवान् विष्णु या शंकर की मूर्ति प्रतिष्ठित हो, को बनाने में धन को व्यय करने वाला भक्त दस खरब पीढ़ियों के साथ तीन कल्प तक विष्णु लोक में वास करता है। पक्के देवमंदिर बनाने वाला भक्त दिव्य शरीर प्राप्त करके तीन कल्प विष्णु लोक में दो कल्प ब्रह्मलोक में निवास के पश्चात् पुन: पृथ्वी लोक में श्रीमन्तों के घर में जन्म लेता है। इसके पश्चात् योगाभ्यास द्वारा भगवान् विष्णु की पूजा-आराधना करता हुआ शाश्वत् मोक्ष प्राप्त करता है। यदि मनुष्य स्फटिक मणि जटित मंदिर का निर्माण करता है तो पक्के देवमंदिर बनाने के फल का दस गुना फल प्राप्त करता है। जो मनुष्य देवमंदिर सरोवर के रखरखाव में अपने धन का सदुपयोग करता है वह भी अनन्त पुण्य का भागी हो जाता है। कच्चे तालाब और कुएं खुदवाने वाला प्राणी भी महत् फल को प्राप्त करता है।

अन्नदान भी प्राण के दान के समान ही है क्योंकि अन्न से प्राणों की रक्षा होती है। अन्नदान करने वाला मनुष्य मृत्यु के पश्चात् ब्रह्मलोक वासी हो जाता है। अभ्यागत लोगों

की सेवा, दरिद्र तथा रोगियों की रक्षा करने वाले भक्त को पुण्य तीर्थों के अवगाहन करने के समान पुण्य प्राप्त होता है। पापों में मुक्ति मिल जाती है। दूध देने योग्य गाय का दान करने वाले भक्त या गाय के अभाव में भी दूध के दान करने का बहुत बड़ा महत्त्व है।

भयग्रस्त व्यक्ति को निर्भीक बनाना या धन से उसकी सहायता करना भी एक बड़ा पुण्य का काम है। वस्त्र का दान भी उत्तम माना जाता है इससे ब्रह्मलोक की प्राप्ति हो जाती है। किसी गरीब की लड़की की शादी के लिए वस्त्र और आभूषण जुटाना भी धन का बहुत उत्तम प्रयोग है।

विद्या के दान से भक्त को प्रभु की सायुज्य भक्ति प्राप्त होती है। ईंधन का दान करने से मनुष्य के सारे उप-पातक नष्ट हो जाते हैं। स्वर्ण- दान से भक्त को योग और मोक्ष दोनों ही सहज हो जाते हैं। पशुदान भी उत्तम फलदायक है। इसमें अश्वदान से अश्विनीकुमारों के लोक की प्राप्ति होती है। गजदान से सभी कामनाओं की पूर्ति होती है। शकट दान से स्वर्गलोक की प्राप्ति होती है और महिषीदान से अपमृत्यु पर विजय प्राप्त होती है। दरिद्र और सामान्य व्यक्ति यदि नमक दान करें तो उसे वरुण लोक की प्राप्ति होती है।

इस प्रकार दान की महिमा बताते हुए धर्मराज ने भगीरथ से कहा कि पाखंड और ईर्ष्या-द्वेष से रहित होकर समस्त भूतों की मंगल कामना से ही दान करने में यश मिलता है। यदि व्यक्ति शुद्ध भक्ति भाव से देवालय में झाड़ू ही लगाता है, छिड़काव करता है या गोबर से लिपाई करता है, भले ही उसमें आर्थिक दान की सामर्थ्य नहीं तब भी वह विष्णु-लोक को प्राप्त होता है। लेकिन जिस व्यक्ति में सामर्थ्य है यदि वह दान नहीं करता तो वह पाप का भागी होता है। सच तो यह है जिस प्रकार सोना अग्नि में तपकर, शरीर जल से प्रक्षालित होकर और आत्मा तप से शुद्ध होती है उसी प्रकार धन की शुद्धि भी दान से ही होती है।

इस प्रकार धर्मराज द्वारा अपने तीनों ही प्रश्नों के विस्तृत और संतोषजनक उत्तर पाकर भागीरथ उनके प्रति अत्यन्त कृतज्ञ और विनम्र भाव से बोले कि जाने-अनजाने किए गए

अकरणीय कामों के लिए शास्त्रोक्त विधि से ब्राह्मण को कैसे प्रायश्चित्त करना चाहिए। यह बताते हुए नारद ने पहले तो लोक कल्याण की कामना से पूछे गए इस प्रश्न की प्रशंसा की। इसके बाद श्रुति-स्मृति द्वारा निरूपित प्रायश्चित्तों का विवरण सुनाया।

उन्होंने बताया- भोजन करते समय क्रोध आवेश में अथवा अज्ञानवश किसी अपवित्र या पतित पुरुष का स्पर्श करने वाले ब्राह्मण को तीनों समय स्नान करके पंचगव्य (गऊ का दूध, गऊ का घी, गऊ का दही, गऊ का मूत्र, गऊ का गोबर) के आहर से शुद्धि प्राप्त होती है। भोजन करते समय मलत्याग करने वाला ब्राह्मण दिन-रात के उपवास के पश्चात् पंचगव्य के सेवन से पवित्र हो जाता है। भोजन के समय मूत्र विसर्जन करने वाला ब्राह्मण रात-दिन का उपवास करके अग्नि में घी की आहुति देकर पवित्र हो जाता है। भोजन करते समय अपवित्र हो जाने वाला ब्राह्मण हाथ के ग्रास को फेंककर स्नान करे, वस्त्र बदले, श्री नारायण का दर्शन करे, तदुपरांत भोजन करे। यदि अपवित्र होने पर ब्राह्मण ग्रास को खा लेता है तो फिर उसके लिए उपवास करना अनिवार्य हो जाता है। यदि वह अपवित्र अवस्था में पूर्ण भोजन कर लेता है तो वह दिन-रात के उपवास के बाद ही शुद्ध हो पाता है।

भोजन करते समय यदि वमन हो जाए तो ऐसी दशा में अस्वस्थ ब्राह्मण को तीन सौ और स्वस्थ ब्राह्मण को तीन हजार गायत्री मन्त्र के जाप से शुद्धि मिल पाती है। मल-मूत्र त्याग करते समय ब्राह्मण यदि किसी चांडाल या रजस्वला स्त्री से छू जाता है तो पवित्र होने के लिए तीन रात तक का उपवास करना चाहिए। रजस्वला स्त्री कुत्ते, कौए अथवा किरात से छू जाने पर भोजन का त्याग करके यथासमय स्नान कर तथा ब्रह्मकूर्च व्रत करने से शुद्ध हो जाती है। मैथुन करने से स्त्री और पुरुष दोनों ही अपवित्र हो जाते हैं। स्नान और वस्त्र बदलने से उनकी शुद्धि हो जाती है। जो व्यक्ति आत्मघात करके मरता है, उसकी मृत देह पर पवित्र पदार्थ मलने चाहिए। यदि वह बच जाए तो उससे दो सौ पण (रुपये) और उनके पुत्रों से एक-एक सौ पण उगाहना चाहिए। इस प्रकार प्रायश्चित्त करने से ऐसे व्यक्ति का शुद्धीकरण हो जाता है। शास्त्रों में किसी भी प्रकार के आत्मघात को महापाप कहा

गया है। ऐसा करने वाले को परिवार, समाज और जाति से निकाल देना चाहिए और इनकी शुद्धि कृच्छ चांद्रायण व्रत करने से हो सकती है। यदि किसी कारण अनजाने में चांडाल के अन्न का सेवन कर लिया गया है तो ऐसे में ब्राह्मण को पंद्रह दिन तक गौमूत्र में बने जौ का भोजन करना चाहिए। यदि किसी ब्राह्मण ने गुरु पत्नी के साथ गमन किया है तो उसे तत्काल विषपान करके शरीर त्याग देना चाहिए। यदि विषपान के बाद वह जीवित बच जाता है तो उसे पांच रातों तक निराहार रहकर और केवल कुशोदक का पान करते हुए बिना सोए निरन्तर जप करते रहना चाहिए। इस प्रकार ब्राह्मण की शुद्धि हो जाती है। गाय को पीटने, पीड़ा देने अथवा उसका गर्भपात कराने वाले या मारने के दोषी व्यक्ति को भी कृच्छ व्रत द्वारा ही शुद्धि मिल सकती है। इसमें उसे गौ और ब्राह्मणों के लिए औषध, घी और तेल का वितरण भी करना होता है।

वास्तव में ब्राह्मण का कर्त्तव्य है कि वह सद्प्रयत्नों से धन का दान करे और पूजा-पाठ करते हुए अनुष्ठान करे। इसमें धन- दान से स्वर्ग और पूजा-पाठ के अनुष्ठान से मोक्ष की प्राप्ति होती है। यदि कोई व्यक्ति इस प्रकार शास्त्रोक्त विधि से अनुष्ठानादि नहीं करता, वह धर्म पतित माना जाता है और घोर पातक का अधिकारी हो जाता है।

बुद्धिमान व्यक्ति को पांच प्रकार के श्राद्ध करने आवश्यक हैं- नित्य, नैमित्तिक, काम्य, बुद्धि और पार्वण। इसमें नाभि तक पानी में खड़े-होकर पितरों को श्रद्धांजलि देकर उसका तर्पण करना चाहिए। ऐसा न करने पर पितर उसे भूख-प्यास से व्याकुल रहने का शाप देते हैं तथा उसका अध पतन हो जाता है। ब्राह्मण को चाहिए कि वह यथासंभव शुद्धता का ध्यान रखे, पवित्र रहे और आचारवान रहे। कभी भी जान-कर उसे कर्त्तव्य से विमुख या अकर्त्तव्य का व्यवहार नहीं करना चाहिए। इन पापों का दण्ड, विघ्न और किन-किन लोकों का वास सहना पड़ता है-यह पूछे जाने पर धर्मराज ने कहा-दुष्ट पापियों को जिन भयावह नरकों में निरंतर जल में तड़पना और झुलसना पड़ता है। उनका विवरण इस प्रकार है-तपन, बालुक, कुम्भ, भैरव, महाभैरव, कुम्भीपाक, निरुच्छवास, कालसूत्र, प्रमर्दन, असिपत्रवन, हिमोत्कट, भूठावस्थ, वस्त्रकूप, वैतरिणी, सरिता, पुरीषह्द, तप्तशूल,

तत्पाशला, शालयालद्रुम, शाणत कूप, शाणत भाजन, स्वमास भाजन, बारज्वाला – निवेषण, शिलावृष्टि, शस्त्रवृष्टि, वझिवृष्टि, सारोद्रक, उष्णोदक, तप्राय, पिण्डभक्षण, शिखाशोषण, पाषाणवर्ष, कृमिभोजन, प्रकचिवदारण, पुरीषलेपन, पुरीषाधर, अंगारशयन, मूसलमर्दन, पत्नोत्पतन, तथा गदादण्डदिपीड़ित।

इन सभी वर्णित नरकों के अतिरिक्त अन्य अनेक दूसरे नरक लोक भी हैं जहां मात्र नमक ही भोज्य रूप में दिया जाता है। यहां शरीर को घोर यातना दी जाती है, नसें काट दी जाती हैं, हड्डियां तोड़ दी जाती हैं, खारे पानी में डुबकियां लगवाई जाती हैं। जबरदस्ती अभोग्य-मांस, पित्त और कफ खिलाया जाता है। पहाड़ों तथा पेड़ों से नीचे गिराया जाता है, तेज नुकीले कांटों पर सुलाया जाता है, बिच्छुओं से दंशित किया जाता है। बदबूदार कीचड़ में प्रवष्टि कराया जाता है। गर्म खौलता हुआ तेल पिलाया जाता है। जलते हुए पत्थर तुड़वाए जाते हैं। लाल गर्म लोहे पर सुलवाया जाता है और ऐसी अनेक प्रकार की असह्य तथा मारक यातनाएं दी जाती हैं।

इससे आगे धर्मराज ने पापों के फलस्वरूप किस-किस नरक की यातना भुगतनी पड़ती है -यह विवरण देते हुए बताया कि ब्राह्मण की हत्या करने वाला, मदिरापान करने वाला, सोने की चोरी करने वाला, गुरुपत्नी के साथ रमण करने वाला और इन घोर पातकी कर्मों में प्रवृत्त और सहायक सभी नरकों में एक-एक युग तक रहते हैं; क्योंकि ये पांचों ही भयंकर पातक माने जाते हैं। जानकर किए गए इन दुष्कृत्यों का कोई प्रायश्चित्त नहीं। इनको करने वाले पापी अनेक नरक यातनाएं भोगने के उपरान्त पृथ्वी पर आकर सात बार गधे की योनि में, दस जन्म बीमार कुत्ते की योनि, में बारह जन्म सांप की योनि में, कितने ही जन्म हिरण की योनि में, पैदा होने के बाद चाण्डाल के घर जन्म लेकर अनेक प्रकार के दुख भोगते हैं।

यह बात ध्यान देने योग्य है कि नीचे दिए गए सभी दुष्ट प्राणी- परमात्मा को भोग लगाए बिना स्वयं खाना खाने वाला, ब्राह्मणों में सदा दोष निकालने वाला, कठोर आदेश देने वाला, वेद विक्रेता ब्राह्मणों को दान देने का आश्वासन देकर मुकर जाने वाला, झूठ

बोलने तथा दूसरों की निन्दा करने वाला, दूसरों की सदा आलोचना और नुक्ताचीनी करने वाला, अहंकारी और प्रदर्शन के लिए धर्मआचरण करने वाला आदि सभी प्राणी ब्रह्महत्या के अपराध के समान नरकगामी होते हैं।

वेश्या की संगति, मदिरा पान करने वाली अन्य किसी भी स्त्री का संग करने वाला, शूद्रों या पापियों के अन्न का ग्रहण, उपासना का त्याग, तथा शूद्रों की गुलामी स्वीकार करना, मदिरा पान जैसे पाप ही माने गए हैं और इन अपराधों या पापों के करने वाले को मदिरा पान के पाप के समान ही दण्ड का भागी होना पड़ता है। कंदमूल फल की चोरी, कस्तुरी वस्त्र तथा रत्नादि की चोरी अन्य धातुओं जैसे लोहा, सीसा, कस्तुरी, कांसा आदि घृत, शहद, सुपारी और चंदन जैसे पवित्र पदार्थों की चोरी, यानि सभी प्रकार के धान्य एवं भोज्य पदार्थ का चोर-कर्म, स्वर्ण की चोरी के समान ही महत्त्वपूर्ण अपराध है; और इन पापों को करने वालों को स्वर्ण की चोरी के समान ही पातक का भागी होना पड़ता है।

शास्त्र की निन्दा करना, शरणागत तथा धर्माचरण करने वालों की निन्दा, गुरुपत्नी गमन के समान ही निन्दनीय है। उसी के समान ही इन पापों को करने वाला दण्ड का भागी होता है। इन पापों में प्रवृत्त करने वाले तथा प्रेरक सहायक होने वाले भी पाप करने वालों के ही समान दण्ड के भागी होते हैं।

ऐसा कहते हुए धर्मराज ने भगीरथजी से कहा-हे राजाओं में श्रेष्ठ! ब्राह्मण में द्वेष रखने वाला, विश्वाघाती, कृतघ्न, शूद्रों के साथ रमण करने वाला, शूद्रों का भक्षण करने वाला, देवताओं का शत्रु, सत्य- कथाओं की निन्दा एवं वेदों की निन्दा करने वाला एवं पाखंडी- ये सभी जन बहुत बड़े पाप के भागी होते हैं और करोड़ों वर्षों तक ही नहीं अपितु करोड़ों कल्पों तक उपयुक्त नरकों में रहकर विषम यातनाएं सहते हैं। ये पाप स्वयं इतने जघन्य एवं अक्षम्य हैं कि इनसे निष्कृति किसी भी प्रायश्चित्त से संभव नहीं हो सकती है। अनेक युगों की नरक यातना सहन करने के पश्चात् इन दुष्ट कर्म में प्रवृत्त जीवों को कितनी ही बार गधे एवं कुत्ते का जन्म लेकर दुःख एवं पीड़ा भुगतनी पड़ती है। सर्प योनि में बार-बार दुःख

भागना पड़ता है। तब कहा जाकर गरीब चांडाल के घर जन्म लेते है। यहां दुःख, दारिद्रय, रोग एवं कष्टों को सहते हैं। इस जन्म में भी ईर्ष्या द्वेष के कारण फिर नरक-यातना सहते हैं।

गौ, ब्राह्मण तथा अग्नि के पूजन से विरत करने वाला तथा इन्हें दान करने के कर्म को निरर्थक बताने वाला दुष्ट व्यक्ति एक सौ बार कुत्ते की योनि में, दस बार विष्ठा के कीड़े की योनि में, और तीन बार बाघ की योनि में जन्म-मरण का दुःख भुगतने के उपरान्त इक्कीस युगों तक नरक वास करता है। परनिन्दक पुरुषभाषी, दान देने में रुकावट पैदा करने वाला, दान का वचन देकर मुकर जाने वाला, अथवा टालमटोल करने वाला, नरक यातना का भोग करते हुए एक वर्ष तक लौह मूसलों से पीटे जाते हैं। तीन वर्ष तक गर्म लौह पिंडों में या अग्नि-शिलाओं पर सुलाए जाते हैं। इसके बाद सात वर्षों तक कालसूत्र नामक नरक में बिताते हैं। दूसरे की वस्तुएं चुराने वाले तथा दूसरों का धन चुराने वाले या धन चुराने का साधन बनने वाले व्यक्ति भयंकर दुःखदायी नरक की यातनाएं भुगतते हैं। इन दुष्टों की जीभ को यमदूत गर्म चिमटों से खींचते हैं जिसके परिणामस्वरूप ये सभी जीव अनेक कल्पों तक अर्धचेतनावस्था में पड़े रहते हैं और कष्ट सहते रहते हैं।

परस्त्रीगामियों को मरणोपरांत नरक में ताम्र-आभूषणों से भूषित तप्त- लौह की स्त्री-प्रतिमाओं से आलिंगन कराया जाता है; और इन्हें इनके दुष्कर्मों का विवरण सुनाकर घोर-नरक भोगने के लिए छोड़ दिया जाता है। जो स्त्रियां अपने पति को छोड़कर अन्य पुरुष से काम-सुख प्राप्त करती हैं, रतिभोग करती हैं उन्हें कुम्भीपाक नरक में रक्त तप्त लोहे के बिस्तरों पर बिठाकर उनके ऊपर तप्त लोहे के बने पुरुषों को बिठाया जाता है। इसके बाद एक हजार वर्ष तक लौह स्तंभ से बांधकर रखा जाता है। इसके पश्चात् सौ वर्ष तक खारा पानी पिलाया जाता है। गाय धाती तथा धर्मात्मा राजा के घाती, पांच कल्प तक घोर नरक यातनाएं सहते हुए ; अपने पापों का फल भोगते हैं। अपने से बड़ों एवं पूजनीय व्यक्तियों का बुरा करने वाले नर या उसकी निन्दा सुनने वाले व्यक्ति के कानों में गर्म लोहे की कीलें ठोक दी जाती हैं, गर्म खौलता हुआ तेल डाला जाता है इसके पश्चात् कुम्भीपाक नरक में डाल दिया जाता है। ईश्वर विमुख और नास्तिक दुर्बुद्धि पुरुषों को एक करोड़ वर्ष तक

नमक का भोजन कराया जाता है। इसके बाद गर्म रेत पर सुलाते हुए घोर नरक में डाल दिया जाता है।

विश्वासघात करने वाले, दूसरों के अन्न के लिए लोभ-लालच, करने वाले और मर्यादा का उल्लंघन करने वाले प्राणी को अपना ही मांस खाने को विवश किया जाता है। कुत्तों से उनका मांस नोंचवाया जाता है तथा एक-एक वर्ष तक सभी नरकों में रहना पड़ता है।

जो दान ग्रहण करने के लिए अपात्र बताए गए हैं यदि वे दान ग्रहण करते हैं, जो ज्योतिषविद् नहीं है फिर भी नक्षत्रों का फल बतलाते हैं तथा जो देवों के भाग को स्वयं हड़प जाते हैं ऐसे व्यक्तियों को खौलते हुए तेल के कुंडों में डाल दिया जाता है। काल-सूत्र से विवश ये व्यक्ति विष्ठा और मूत्र सेवन करते हुए बाद में म्लेच्छ के घर में जन्म लेकर शेष दंड को भोगते हैं। जो जन दूसरों को परेशान करते हैं, उन्हें घबराहट में डालकर स्वयं आनंद उठाते हैं वे वैतरणी नदी में पड़कर भयानक कष्ट भोगते हैं।

जो जन पांच यज्ञों में से एक यज्ञ भी पूरा नहीं करते, देवताओं की कभी कैसी भी उपासना-आराधना नहीं करते वे लालाभक्ष नरक भोगते हैं, मलमूत्र का भक्षण करते हैं। जो राजा अपनी प्रजा से कर-स्वरूप अधिक राशि ग्रहण करता है; वह एक हजार पीढ़ियों सहित पांच कल्पों तक नरक यातनाएं भोगता है। जो राजा ब्राह्मणों पर कर लगाता है या जो मंत्री ऐसे कर्म की सलाह देता है दोनों को ही हजारों ब्रह्महत्याओं के पाप का फल भुगतना पड़ता है। चार युगों तक कठोर नारकीय यातना के दौर से गुजरना पड़ता है।

अपनी पुत्रवधू या बहिन अथवा पुत्री जैसी अगम्या अर्थात् जिनके साथ रमण करना नैतिक अपराध है-जो व्यक्ति इनकी योनि-अयोनि में या किसी पशु की योनि में संभोग करता हुआ वीर्यपात करता है वह महा पापी नरक में मज्जागर्त में गिरा हुआ सहस्रों वर्ष तक वीर्य भक्षण करता है। पाखंडी और अकरणीय कर्म करने वाला तथा म्लेच्छ और जो पाखंडी की संगति करता है ये सभी बहुत लम्बे काल तक अनेक नरकों के चक्कर में घूमते हुए यातना सहते रहते हैं।

दुनिया में जो अनाथ हैं उनकी चीज चुराने वाला व्यक्ति या इन निरीह जनों से द्वेष रखने वाला हजारों कल्पों तक घोर नारकीय जीवन बिताता है। यहां तक कि स्त्रियों तथा शूद्रों के समीप वेद का अध्ययन करने वाला व्यक्ति भी भयंकर कष्टों को भोगता हुआ उल्टा लटका दिया जाता है और ऐसी अवस्था में उसे धूम्रपान कराया जाता है।

मंदिर में अथवा सरोवर में मल त्याग करने वाला नीच व्यक्ति, दांत, हड्डियां, केश, नाखून और बचा अन्न फेंकने वालों को भालों से छेदा जाता है। हल से दबाया जाता है तथा खौलते तेल में डाला जाता है। वेद और चंदनादि की चोरी करने वाले, झूठी गवाही देने वाले, स्वयं शक्ति सम्पन्न होते हुए आततायी को न रोकने वाले, पहले व्रत का संकल्प लेकर बाद में छोड़ देने वाले, व्रत में लीन व्यक्ति के अनुष्ठान में विघ्न डालने वाले, न्याय के आसन पर बैठकर भी पक्षपात करने वाले, कलंकहीन, उज्जवल चरित्र पर कलंक लगाने वाले, असिपत्र नरक में डूबकर हजारों वर्ष तक भीषण यातनाएं भोगने वाला, ब्राह्मणों की अवमानना करने वाला, दूसरों की वस्तुएं चुराने वाला, उन्हें चुराकर बांटने वाला, और स्वयं दानी होने का श्रेय लेने वाला, पतिनिन्दा करने वाली स्त्री, देवालयों, सरोवरों, जलाशयों तथा फूलों वाले बागों को नष्ट करने वाले महापापी मनुष्य, इक्कीस युगों तक लालभक्ष नरक को भोगकर इसके पश्चात् चांडाल कुल में उत्पन्न होकर अभाव दरिद्रता, और कष्टमय जीवन बिताते हैं।

धर्मराज ने इस प्रकार महापापियों के कर्म- फल और नरक- यातनाओं का विवरण सुनाते हुए राजा भगीरथ को बताया कि इस संसार में पापों एवं पापियों के अनेक भेद हैं- इन सभी का विवरण देने की क्षमता और उन्हें दण्डित करने का सर्वाधिकार स्वयं श्रीविष्णु को ही है।

हे राजन्! यद्यपि किए गए कर्मों का फल भोगना एक सदा चलने वाली प्रक्रिया है लेकिन श्री विष्णुभक्ति से, सज्जनों की संगति से, गंगा तथा तुलसी के सेवन से किए गए सत्कर्मों को श्री विष्णु पाद में समर्पित करने से, एवं पाप कर्मों का सच्चे मन से किए गए

प्रायाश्चत्त करन स, आर ाफर दाबारा एस अपराध न करन का दृढ़ सकल्प करन स पापा के फल भोग में कुछ राहत अवश्य मिल जाती है।

हे राजन्! दूसरों को पीड़ा पहुंचाने के लिए की जाने वाली भक्ति तामसिक कहलाती है। अपने हित के लिए की गई भक्ति राक्षसी कहलाती है। किन्तु परोपकार के लिए की गई भक्ति सात्विक होती है। भगवद् भक्ति कैसी भी हो कभी निष्फल नहीं जाती। इस संसार में योग- क्षेम के इच्छुक व्यक्ति धर्म, वर्णाश्रम व्यवस्था का पालन करते हुए यदि विष्णु चरणों में समर्पित होकर श्रद्धापूर्वक ध्यान- आराधन में लीन होते हैं तो भगवान् उन पर अनुग्रह करते हैं। जो मनुष्य श्रद्धा-विहीन, वर्णाश्रम धर्म की उपेक्षा करते हुए केवल दिखावे के लिए भक्ति में प्रवृत्त होते हैं प्रभु उन पर कृपा नहीं करते न उन भक्तों का उद्धार ही हो पाता है।

हे राजन्! तुम्हें तो ज्ञात है कि तुम्हारे साठ हजार पितामह केवल असद् आचरण के कारण ही कपिल मुनि के शाप का भोजन बने थे। तप की अग्नि में जलकर भस्म हो गए थे। अब वे घोर नरक में पड़े असह्य यातनाएं सह रहे हैं। यदि आप दृढ़ संकल्प करके, प्रयत्न से देव सरिता गंगा को अपने तप से भूतल पर ला सकें तो उस दिव्य पवित्र नदी के जल के स्पर्श से तुम्हारे पितरों का कल्याण हो सकता है और वे नारकीय यातनाओं से मुक्ति पा सकते हैं।

धर्मराज द्वारा इस प्रकार उद्बुद्ध हुए राजा भगीरथ ने अपने शासन का कार्यभार मंत्रियों पर छोड़कर स्वयं गंगा को देवलोक से लाने का अनुष्ठान प्रारम्भ कर दिया। इसके लिए वह पश्चिम दिशा में स्थित बर्फ से ढके हिमालय पर्वत के उन्नत शिखर पर नर-नारायण के आश्रम में तपस्या में लीन हो गए। इसके पश्चात् वह अपने उद्देश्य में सफल होकर ही वापस घर लौटे।

नारदजी ने सनक मुनि से भगीरथ के अथक प्रयत्नों से गंगा के भूतल पर आने के वृत्तांत को विस्तार से जानने के लिए जब आग्रह किया तो उनके संतोष के लिए सनक मुनि ने उन्हें बताया कि हिमालय पर्वत पर कुछ समय तक तपस्यारत रहते हुए एक बार

भगीरथ जटावेश में महर्षि भृगु के आश्रम में पहुंचे। यह स्थल गोदावरी के तट पर स्थित है। आश्रम में दैवीय वातावरण उपस्थित था। ऐसे सुरम्य वातावरण से मोहित एवं मुग्ध भगीरथ ने भृगु ऋषि के दर्शन किए। सादर चरण वंदन किया। महर्षि द्वारा सत्कार किए जाने पर भगीरथ ने हाथ जोड़कर उनसे निवेदन किया-हे प्रभु! मैं भगवान् विष्णु को किस प्रकार प्रसन्न कर सकता हूं मुझे विधि निर्दिष्ट करें। भृगु मुनि ने राजा की धार्मिक एवं आस्तिक प्रवृत्ति से प्रसन्न होकर प्रथम तो उनकी प्रशंसा को तदुपरांत उनसे कहा- सत्य बोलना, अहिंसा पर चलना दुर्जनों के बिंब से भी दूर रहना, सज्जनों की संगति में प्रवृत्त रहना, अपने सभी अनुष्ठानों का पालन करते हुए श्री विष्णु की अर्चना-पूजा आराधना एवं स्तुति करना, मंत्रों का जाप आदि करना आपके अभीष्ट को प्राप्त कराने में परम-फलदायक सिद्ध हो सकते हैं। भागीरथ द्वारा-पूर्वोक्त सभी कर्मों के विस्तार से व्याख्या-विश्लेषण की इच्छा से मुनि ने सत्य का स्वरूप बताते हुए कहा-प्रामाणिक पुरुषों के यथार्थ वचनों के उसी के अनुरूप ग्रहण को ही सत्य कहते हैं। सही बात को सुनकर उसे सही ढंग से समझकर सही तरीके से कार्यरूप में लाना ही सत्य है। सत्य के आचरण में किसी प्रकार से विरोध के लिए गुंजाइश नहीं है। यदि विरोध आ भी जाए तो देशकाल के अनुसार उसमें सुधार कर लेना चाहिए। अपने अनुकूल या सुविधाप्रद को ही सत्य मान लेना यथार्थ से मुँह चुराना या किनारा करना है।

अहिंसा का लक्षण बताते हुए भृगु मुनि ने बताया- मन, वचन, कर्म से किसी भी प्राणी को कष्ट न देना, जीव- मात्र का हित करना, सभी जीवों पर दया करना, सत्कर्म में ही सदा प्रवृत्त रहना, सबकी यथासंभव सदैव सहायता, करना बुरे कामों से दूर रहना ही अहिंसा है। किसी प्राणी से द्वेष, वैर, ईर्ष्या रखना, उसके अहित चिन्तन में लग्न रहना, मूर्खता करना या पाप का आचरण ही हिंसा है। प्राणी मात्र का यह कर्त्तव्य है कि वह सबकी उन्नति में ही अपनी उन्नति समझते हुए व्यवहार करे। सभी के हित में सर्वथा उद्यत रहे।

दुष्टों एवं दुर्जनों का स्वरूप बताते हुए मुनि ने बताया - धर्म कृत्यों के अनुष्ठान, विचार वेद द्वारा बताए गए मार्ग का अनुसरण न करने वाला या इनके विपरीत चलने वाला मनुष्य

दुर्जन एवं दुष्टों की कोटि में आते हैं। दूसरों को दुःख पहुंचाने वाले भी दुर्जन ही हैं। इनसे सदैव बचना चाहिए। साधु सज्जनों की संगति सद्गति में सहायक है।जीवमात्र में श्री नारायण विद्यमान हैं यह मानने वाले श्री विष्णु को सब देवों से ऊपर श्रेष्ठ मानने वाले, नित्यप्रति उन्हीं की भक्ति में लीन रहने वाले, समस्त विश्व को श्री विष्णु का ही विस्तार मानने वाले, जीवों के हित में अपना परम सौभाग्य मानने वाले, इंद्रियों को वश में रखने वाले तथा यश प्राप्ति से संतुष्ट रहने वाले साधु एवं सत्पुरुष कहलाते हैं। इन्हीं की संगति से व्यक्ति नारायण की भक्ति का लाभ प्राप्त कर सकता है।

ॐ नमो भगवते वासुदेवाय तथा **ॐ नमो नारायण-** ये बारह तथा आठ अक्षरों के मंत्र ईश्वर-सिद्धि के लिए बीज मंत्र हैं। इनका जाप करने वाला भक्त- सांसारिक कर्मों, आशाओं, आकांक्षाओं तथा तृष्णाओं से अनासक्तिपूर्वक निवृत्ति लेता हुआ निरंतर श्रीनारायण के स्वरूप का ध्यान करता है; तो उसे निश्चय ही दर्शन सुख प्राप्त होकर सद्गति मिलती है।

भगवान् विष्णु के स्वरूप को बतलाते हुए भृगु मुनि ने बताया- शांति मूर्ति भगवान् विष्णु शेष शैया पर विराजमान रहते हैं। नाभि से उत्पन्न कमल पर सृष्टि रचने वाले ब्रह्मा को आश्रय देते हैं। शंख- चक्र- गदा एवं कमल को धारण किए रहते हैं। वे परमानंद स्वरूप, किरीट कुंडल धारण किए, घनश्याम के समान मोहक शोभा वाले अपने बाएं श्री लक्ष्मी की सुषमा लिए हुए हैं। श्री लक्ष्मी उनके चरण दबाती शोभायमान हैं। वस्त्र दिव्य और पीले हैं वक्षस्थल में वैजयन्ती माला है। श्रीवत्स चिह्न अंकित है, देवों द्वारा इनकी पूजा होती है।

ज्ञान के स्वरूप सबकी अंतर्जगत् को जानने वाले अनादि निधान सभी विशेषताओं और उपाधियों से सज्जित भगवान् विष्णु ही कारण- भूत और पूजनीय हैं। हे राजन्- मुझे विश्वास है कि ऐसे देवाधिदेव सब पर कृपालु और स्मरण मात्र से प्रसन्न होने वाले श्री विष्णु के बारे में जो मैंने तुम्हें बताया है यह सब तुम्हारा मार्गदर्शन करेगा। अब तुम तपस्या करो। श्री विष्णु तुम्हें आशीर्वाद देंगे।

भगीरथ महर्षि भृगु से दीक्षित होकर नारदेश्वर नामक सुरम्य स्थान पर आकर कठोर तप में लीन हो गए। इस तपस्या काल में कन्दमूल फल खाते हुए त्रिकाल संध्या पालन करते हुए भगीरथ तीनों समय श्री विष्णु नारायण की आराधना में लीन हो गए। कुछ समय बाद राजा ने आहार का भी त्याग कर दिया और प्राणायाम द्वारा प्राणवायु को रोककर ध्यानमग्न हो गए। इस प्रक्रिया में राजा के नथुनों से महाविकराल आग निकलने लगी। इस आग से विचलित हुए देवगण विष्णु की शरण में क्षीरसागर के किनारे जाकर दीन भाव से शरणागत होकर गुहार करने लगे- हे नारायण विष्णु! आप अनंत शीश वाले, पीताम्बरधारी, शंख- चक्र- गदा- पद्म धारण करने वाले, यज्ञप्रिय और परमानंद स्वरूप सर्वोत्तम अव्यय के रूप में अपने बायें श्री लक्ष्मी को धारण किए हुए जिनके नाम के संकीर्तन से दुष्टों के सभी पाप नाश हो जाते हैं- ऐसे पुराण- पुरुष, पुरुषार्थ- सिद्ध श्री विष्णु हमारी रक्षा करें। भगवान् विष्णु ने इस प्रकार देवताओं को अपनी स्तुति से प्रसन्न होकर उन्हें दर्शन दिए। सभी देवताओं ने अपने कष्ट निवारण के लिए निवेदन किया और भगीरथ के तप से निकली ज्वाला से त्राण दिलाने की याचना की।

देवताओं को आश्वस्त करते हुए श्री विष्णु अपने अलौकिक, मनोहारी और रमणीय चतुर्भज रूप में राजा भगीरथ के समक्ष प्रकट हुए। अपने समक्ष पुंडरीकाक्ष भगवान् के परमशोभाशाली रूप को देखकर कृतकृत्य हुए भगीरथ ने उन्हें दंडवत् प्रणाम करते हुए भावविह्वल होकर अनेकविधि जयजोष और स्तवन करना प्रारंभ कर दिया। भगीरथ की इस प्रकार श्रद्धा भक्ति पर प्रसन्न होकर भगवान् विष्णु ने कहा-हे वत्स तुम्हारा संकल्प पूरा होगा। तुम्हारे पितरों का उद्धार होगा और वे शापमुक्त होकर मेरे लोक में पहुँचेंगे। इसके लिए तुम्हें मेरे ही संहारक रूप शंकर का श्रद्धाभक्ति और अपनी शक्ति के साथ स्तवन करके उन्हें प्रसन्न करना होगा।

भगीरथ को इस प्रकार अपने दर्शनों से अनुग्रहीत करते हुए श्री विष्णु अन्तर्ध्यान हो गए। विमूढ़ से भगीरथ सोचने लगे प्रभु का यह दर्शन स्वप्न या भ्रम था अथवा सत्य। तभी उन्हें आकाशवाणी ने बताया कि यह घटित घटना सत्य थी। इससे आश्वस्त हुए भगीरथ

पुन: अपने उद्देश्य में संलग्न हो शंकर की स्तुति में प्रवृत्त हो गए। भगीरथ की इस स्तुति से प्रसन्न हो भगवान् शंकर ने उन्हें दर्शन दिए। शिवजी के मनोरम रूप से तुष्ट और कृतज्ञ भगीरथ ने उन्हें दण्डवत् प्रणाम किया और अनेक प्रकार से उनका स्तवन करने लगे। अपने प्रति भगीरथ की अनन्य श्रद्धा- भक्ति देखकर उन पर प्रसन्न होकर उन्हें भस्मीभूत पितरों के उद्धार के लिए दिव्य गंगा प्रदान करने का वरदान दिया और इस प्रकार भक्त के अभीष्ट को पूर्णकाम करते हुए अंतर्ध्यान हो गए।

शंकर की जटाओं को छोड़कर वरदानस्वरूप गंगा राजा भगीरथ के पीछे-पीछे संसार को पवित्र करने के लिए चल पड़ी। भगीरथ के पीछे चलने के कारण ही इसका नाम भागीरथी पड़ गया। अपने पापकर्म के कारण भस्मीभूत पितरों के अवशेष जहां पड़े थे गंगा के इस पवित्र जल से उनका उद्धार हुआ। घोर नरक यातना से मुक्त होकर उन्हें उत्तम गति प्राप्त हुई।

यह वृत्तांत सुनने के पश्चात् शौनकादि ऋषियों ने सूतजी से निवेदन किया कि महर्षि नारद और सनकजी में हुए संवाद को आगे बढ़ाते हुए श्री हरि विष्णु को प्रसन्न करने वाले सत्कर्मों का भी आख्यान प्रस्तुत करने का अनुग्रह करें। तब सूतजी ने बताया कि आगे सनक मुनि ने नारदजी की जिज्ञासाओं को संतुष्ट करते हुए उनसे सत्कर्मों का उल्लेख इस प्रकार किया-

इस संसार में प्रत्येक मनुष्य का परम पुरुषार्थ श्री विष्णु को ही प्रसन्न करना है क्योंकि जैसे किसी वृक्ष के पल्लवन के लिए मूल का सिंचन करने से उसका सबविधि सिंचन और विकास होता है इसी प्रकार श्री विष्णु को प्रसन्न करने से सभी पुरुषार्थ अपने आप सिद्ध हो जाते हैं। यों तो विष्णु को श्रद्धापूर्वक जप, होम, तप, पूजन, आराधना आदि किसी भी विधि से प्रसन्न किया जा सकता है लेकिन मार्गशीर्ष शुक्ल द्वादशी से कार्तिक शुक्ल द्वानशी तक के बारह व्रत विष्णु को प्रसन्न करने के लिए विशेष महत्त्वपूर्ण हैं।

मार्गशीर्ष शुक्ला द्वादशी का व्रत विधान इस प्रकार हैं-

पूव रात्रि म व्रत का अनुष्ठान निश्चय करक सा जाना चाहिए। प्रात:काल उठकर नित्य कर्म करके स्नानादि से निवृत्त होकर शुद्ध वस्त्र धारण करने चाहिए। तत्पश्चात् गंध, अक्षत, धूप, दीप, नैवेद्य आदि से भगवान् विष्णु का पूजन करते हुए **केशवाय नमस्तुयम** कहते हुए पूरे दिन वाणी संयम बरतते हुए घृत मिश्रित तिलों की एक सौ आठ आहुतियां देकर पूरी रात हरि नाम कीर्तन में बितानी चाहिए। एक सेर गौ के दूध से श्री नारायण की शालिग्राम की प्रस्तर प्रतिमा को स्नान कराना चाहिए। त्रिकाल संध्या में भजन पूजन करते हुए, नृत्यगान में संलग्न रहते हुए, दूसरे दिन प्रात: काल नित्यकर्मादि करके स्नान आदि से निवृत्त होकर यह मंत्र जपते हुए हवन करना चाहिए-

केशव: केशिहा देव: सर्वसम्मत प्रदायक:।
परमानन्दप्रदानेन मम स्वादिष्ट प्रदायक:॥

तदुपरान्त भक्ति एवं श्रद्धापूर्वक ब्राह्मणों को आदरपूर्वक उत्तम खीर व भोजन कराके, परिणामादि से संतुष्ट करके, विदा देते हुए बंधु-बांधवों इष्ट मित्रों को आहार कराना चाहिए। इसी विधान से पौष शुक्ल द्वादशी का व्रत करना चाहिए। इसमें ब्राह्मणों को घी मिली खिचड़ी का भोग कराना श्रेयाकर है। माघ की द्वादशी को भी यही व्रत विधान है। इस दिन ब्राह्मणों को गुड, तिल और भात का उत्तम भोजन कराना चाहिए। फागुन मास में धान वस्त्र और दक्षिणादि देकर ब्राह्मणों को प्रसन्न करना चाहिए। इन व्रतों में विष्णु स्मरण के लिए मंत्र अलग- अलग हैं। जैसे पौष द्वादशी में- **सर्व आत्मा सर्वलोकेश: सर्वव्यापी सनातन:** माघ मास में- **माघव: सर्वआत्मा, सर्वकर्मफलप्रद**: फागुन मास में- **नमोस्तु विष्णुवे तुम्यम्** कहते हुए घृत सहित तंदुल की एक सौ आठ आहुतियां देनी चाहिए। बाकी विशेष विधि पूर्ववत है। बैसाख में- **नमस्ते मधुहनतरे नमस्त्रीविक्रमाय च** कहते हुए घी की एक सौ आठ आहुतियां देने का विधान है और इकत्तीस सेर दूध में मधुसूदन की प्रतिमा को स्नान कराने का विधान है। ज्येष्ठ मास की द्वादशी के व्रत के लिए भगवान् त्रिविक्रम की प्रतिमा को गौ दूध से स्नान कराकर गौ दूध से बनाई खीर द्वारा देव! **देव! जगन्नाथ! प्रसीद परमेश्वर:** कहते हुए एक सौ आठ आहुतियां देनी चाहिये। व्रत की

समाप्ति पर बीस गुलगुल और दक्षिणा देकर मौन रहते हुए भोजन करना चाहिए। आषाढ़ मास की शुक्ल-द्वादशी को वामन देव का स्मरण करते हुए- **वामन स्तारको-स्माकं वामनाय नमो नमः** कहते हुए 108 बार घी की आहुति देनी चाहिए तथा ब्राह्मण को दही अन्न और नारियल का भोजन कराते हुए दक्षिणा देकर विदा करना चाहिए।

श्रावण शुक्ल-द्वादशी के व्रत में भगवान् श्रीधर की प्रस्तर प्रतिमा को दूध से स्नान करके दही और घी, अन्नमिश्रित सामग्री से क्षोराब्दशयिन **देवेश! रमाकान्त! जगत्पते!** कहते हुए 108 आहुति देनी चाहिए। भाद्रपद द्वादशी के व्रत में भगवान् हृषिकेश स्वरूप की 32 किलो दूध से स्नान कराके मधुमिश्रित चरु से- **हृषिकेश नमस्तुभ्यं सर्वलौकैक हेतवे** कहकर 108 आहुति देनी चाहिए, इसके पश्चात्- **मह्मं सत्रें सुख देष्टि** कहते हुए ब्राह्मण को भोजन देना अभीष्ट फलदायी होता है। अश्विन मास की शुक्ल-द्वादशी के व्रत में भगवान् के यज्ञ नाथ स्वरूप की अराधना करते हुए उन्हें दूध से स्नान कराके तिल, धान, घृत, जौ द्वारा- **पद्मनाभ! नमस्तुम्यं सर्वलोक पितामह** मंत्र उच्चारण करते हुए 108 आहुतियां देनी चाहिए। तत्पश्चात् कार्तिक मास की शुक्ल-द्वादशी के दिन व्रत करने वाले को चार सेर दूध, दही या घी से भगवान् के दामोदर रूप को स्नान करके

दामोदर! जगन्नाथ! सर्वकारण कारणा।
त्राहि मामम् कृपया देवं शरणागत् पालकम्।।

कहते हुए 108 बार ही शब्द द्वारा मिश्र आहुति देनी चाहिए। इस प्रकार वर्ष पर्यंत बारह द्वादशी व्रत धारण करते हुए व्रती को मार्गशीर्ष शुक्ल- द्वादशी को निम्नवत् उद्यापन करना चाहिए-

प्रात : काल नित्यकर्म से निवृत्त भक्त को स्नान ध्यान-शुभ्रवस्त्र धारण करके, सुगंधित पुष्पों की माला धारण करके, शरीर पर सफेद चन्दन का लेपन करना चाहिए। इसके बाद चार कोणों वाला चतुर्भुज मंडप बनाकर इसके चारों तरफ घंटे, अगरु, चमर, घुंघरू बांधकर बीच में चंदोवा, ऊपर ध्वजा और चारों तरफ सुन्दर काषाय कपड़े की झालर लटकाकर मंडप सजा लेना चाहिए। दीपमालाओं से जगमगाते हुए मंडप को भली प्रकार

आभायुक्त करत हुए जल स भर बारह घड़ पाच रत्ना स साज्जत करक ढक दना चाहिए। सामर्थ्य के अनुसार ताम्र रजत या स्वर्ण की श्री लक्ष्मी नारायण की प्रतिमा घड़े के ऊपर प्रतिष्ठित करा देनी चाहिए। सबसे पहले इस प्रतिमा का पंचामृत से अभिषेक करना चाहिए। तदुपरान्त धूप, दीप, नैवेद्य से विधानपूर्वक पूजन करना चाहिए। इसके पश्चात् दिन एवं रात्रि पर्यंत पुराण श्रवण हरिनाम का कीर्तन करते रहना चाहिए। ऐसे में भूख, प्यास, नींद एवं आलस्य नहीं होना चाहिए अपनी क्षमता के अनुसार त्रिकाल पूजन करना चाहिए।

अगले दिन प्रात काल यथाविधि नित्य कर्म से निवृत्त होकर स्नानादि करके शुभ्र वस्त्र धारण करके ब्राह्मणों द्वारा यज्ञ करना चाहिए। तथा **ॐ भूः, ॐ भुवः, ॐ स्वः, ॐ महः, ॐ जनः, ॐ तपः, सत्यम्-** इन सात व्याहृतियों द्वारा एक हजार आहुतियां देनी चाहिए।

यज्ञोपरांत दस ब्राह्मणों को दही अन्न खीर तथा घी मिश्रित भोजन कराइए और उन्हें दक्षिणा देकर संतुष्ट कर विदा देनी चाहिए तथा बाद में व्रत की सफलता के लिए देवाधिदेव विष्णु से प्रार्थना एवं कामना करनी चाहिए। तत्पश्चात् प्रसन्नचित्त स्वयं भोजन करना चाहिए। इस प्रकार जो व्यक्ति श्रद्धानिष्ठापूर्वक द्वादश शुक्ल द्वादशियों का व्रत करते हुए विधानपूर्वक उद्यापन समापन करता है उसकी सभी मनोकामनाएं पूर्ण होती हैं। वह सभी पापों से मुक्त होकर मरणोपरांत अपने पूर्वजों के साथ विष्णु लोक वासी हो जाता है। इस यज्ञ के वक्ता और श्रोता भी वाजपेय यज्ञ के पुण्य फल भागी होते हैं।

इससे आगे समस्त तापों के विनाशक और ऋद्धि-सिद्धि प्रदान व्रत का वृत्तांत सुनाते हुए सनक मुनि ने श्री नारद जी से कहा-यह महान फलदायी व्रत अत्यंत उल्लेखनीय एवं विशिष्ट है। इन अनुष्ठान का सभी जातियों एवं वर्णों के स्त्री तथा सभी पापों का नाश करते हुए दुष्ट ग्रहों के कुफल से रक्षा भी करता है। यह सभी व्रतों का शिरोमणि 'पूर्णिमा व्रत' है। इस व्रत का अनुष्ठान मार्गशीर्ष मास की पूर्णिमा के दिन प्रारंभ होता है। इस दिन साधक को प्रात: काल उठकर सभी नित्य कर्मों से निवृत्त होकर स्नानादि करके, शुभ्रवस्त्रादि धारण करके, पवित्र आसन बिछाकर, मौन धारण करके श्री विष्णु का स्मरण करते हुए अंजली

म जल स आचमन करना चाहिए। दानक पूजा आद करक, पूणमा का व्रत करन का संकल्प करना चाहिए।

'मनोनारायणाय' कहते हुए श्री नारायण का आह्वान करके गंध, फूल, अक्षत, धूप, दीप, नैवेद्य से उनकी आराधना करनी चाहिए। स्तोत्र पाठ आदि से श्रीनारायण को प्रसन्न करना चाहिए। श्रीनारायण की प्रतिमा के सामने ही भूमि को स्वच्छ करके चतुर्भुज बनाकर यज्ञ की वेदी बनानी चाहिए तथा काष्ठ रगड़ के अग्नि प्रज्ज्वलित करनी चाहिए। इसमें ही मिश्रित तिलों का होम करना चाहिए। होम के समाप्त होने पर प्रतिमा को प्रणाम करके फल-पत्र-पुष्प समर्पित करने चाहिए और अर्घ्य देना चाहिए। अर्घ्य के समय यह मंत्र उच्चारित करना चाहिए-

क्षीरो दार्णवसम्भूत! अत्रिगात्र समुद्भव।
गृहाणार्थ्यं भया दंत्त रोहिणो नायक प्रभो।।

तथा

नमः शुक्रला शिवे तुभ्यं द्विजराजाय ते नमे।
रोहिणीपतये तुभ्यं लक्ष्मी भ्रात्र नमोस्तुते।।

इस मंत्र का उच्चारण करते हुए सूर्य देव को नमस्कार करना चाहिए। इसके बाद शुद्ध और पवित्र वातावरण से संयत एवं जितेन्द्रिय होकर रात्रि में पुराण श्रवण करने का अनुष्ठान करना चाहिए। दूसरी प्रात: पुन: स्नानादि से निवृत्त होकर श्री विष्णु का पूजन करके ब्राह्मण को भोजन दक्षिणा दान आदि से संतुष्ट करके विदा करना चाहिए। इसके पश्चात् सभी प्रियजनों, बंधु-बांधवों को भोजन कराके स्वयं शान्त चित्त होकर स्वयं भोजन करना चाहिए। इसी प्रकार पौष, माघ, फाल्गुन, चैत, बैशाख आदि मासों में पूर्णिमा के व्रत अनुष्ठान करते हुए अन्त में पुन: मार्गशीर्ष के माह में पूर्णिमा के दिन उद्यापन करना चाहिए। यह उद्यापन भी मार्गशीर्ष-शुक्ल द्वादशी के उद्यापन के समान ही सम्पन्न कराना चाहिए।

इसा राति स यह उत्तम व्रत करन क सुफल रूप म भक्त का इस लाक म अपन परम अभीष्ट पुत्र-पौत्र धन- धान्य आदि से संपन्न हो जाते हैं। श्रद्धालुओं के सभी पाप विनष्ट हो जाते हैं देह त्याग के पश्चात् देवताओं को भी दुर्लभ विष्णुलोक को प्राप्त करते हैं। ये पूर्णिमा व्रत करने वाले अपने अतिरिक्त अपने दस हजार पूर्वजों का भी उद्धार करने में समर्थ हो जाते हैं।

हे द्विजोत्तम नारद! भगवान् श्री नारायण के प्रसाद के ध्वजारोहण नामक एक अन्य व्रत के महात्तम के विषय में सुनिए- भगवान् श्री विष्णु के मंदिर में उत्तम ध्वजा के समारोहण करने वाले भक्त को इतना अधिक पुण्य फल प्राप्त होता है कि ब्रह्मादि देव भी उसकी पूजा करने लगते हैं। जब स्वयं देव और प्रजापति ब्रह्मा भी जिसके प्रताप से भक्त की पूजा वन्दना प्रारम्भ कर दें, स्वयं भक्त विष्णु रूप जाना जाने लगे तो इससे बड़ा पुण्य और क्या हो सकता है? किसी धनवान और समृद्धिशाली व्यक्ति को एक सहस्त्र भार (कुल दस सिक्के) स्वर्ण दान करने से जो पुण्य प्राप्त होता है वही पुण्य मंदिर में भी श्री विष्णु की ध्वजा के समारोहण से प्राप्त होता है।

जो व्यक्ति इस व्रत का संकल्प लेता है उस महानुभाव को कार्तिक मास की शुक्ल-दशमी को प्रात : नित्य निमित्त कर्मों से निवृत्त होकर विष्णु भगवान् की प्रतिमा के सामने हरि नाम का कीर्तन करना चाहिए इसमें रात्रि जागरण का बड़ा महत्त्व है। यदि शारीरिक स्थिति इसकी आज्ञा न दे तो जमीन पर शयन करते हुए ही हरि नाम जपता रहे। दूसरे दिन एकादशी को प्रात कालीन शौच कर्म से निवृत्त होकर शुभ वस्त्र धारण करके विधिपूर्वक विष्णु का पूजन करें। योग्य एवं विद्वान ब्राह्मणों को साथ लेकर स्वस्तिवाचन करें तथा नांदीमुख श्राद्ध करें। वस्त्र में लिपटे ध्वज तथा स्तम्भ पर गायत्री जाप के साथ जल छिड़के।

इसके पश्चात् गरुड़, सूर्य एवं चन्द्रादि का पूजन करें, ध्वजा के दंड में हल्दी अक्षत एवं सुगंधित पुष्पों का विसर्जन करें, धाता-विधाता का यज्ञ कर्म करें और अग्नि प्रज्जवलित करते हुए घी और दूध की एक सौ आठ आहुतियां दे। अब पूरा दिन एवं रात भर जागरण करते हुए पुराण श्रवण एवं हरि नाम का कीर्तन करते हुए दूसरे दिन प्रात: पुन: सभी शौच

कर्मादि से निवृत्त होकर स्नानादिपूर्ण करके गंध पुष्पादि से विष्णु का पूजन करें। वाद्ययंत्र, स्तोत्र पाठ एवं नृत्य करते हुए ध्वजा को विष्णु मंदिर में ले जाए और शिखर पर प्रसन्न मन से दंड सहित ध्वजा का आरोहण करे। स्थापना के पश्चात् पुन: विष्णु को पूजा- अर्चना करें। ध्वज की प्रदक्षिणा करें इसमें उसे निम्न श्लोकों का पाठ करना चाहिए-

नमस्ते पुण्डरीकाक्ष नमस्ते विश्व भावन।

नमस्तेम्स्तु हृषिकेश महापुरुष! पूर्वज!

येनेवं अखिलं जातं यत्र सर्व प्रतिष्ठितम्।

लयमेष्यति यत्रैवं तं प्रपन्नोऽस्मि केशवम् ||

न जानन्ति परं भाव यस्य ब्रह्मादय: सुरा।

योगिनो यं न पश्यन्ति तं वन्दे ज्ञानरूपिणम्।।

हृदयस्थोऽपि दूरस्थ: मायया मोहितात्मनाम्।

ज्ञानिनां सर्वगोयस्तु समे विष्णु प्रसीदतु।।

ज्ञानिना कर्मिणां चैव तथा भक्तिमतां नृणाम्।

गतिदाता विश्व मृग्य: समे विष्णु: प्रसीदतु।।

इस प्रकार श्री भगवान् विष्णु की स्तुति करते हुए ब्राह्मणों की अर्चना करते हुए उनको भोजन, दक्षिणा एवं दान से संतुष्ट करना चाहिए अन्त में बंधु-बांधवों के साथ स्वयं भोजन कराके कार्य सम्पन्न मानना चाहिए।

जितने समय तक यह फहराई गई ध्वजा विष्णु मंदिर में रहेगी उतनी अवधि के हजार गुने समय तक श्रद्धालु भक्त को विष्णु लोक का वास प्राप्त करने का सुख मिलेगा। इसमें भक्त के सभी पाप समूल नष्ट हो जाएंगे और वे राजा सुमति के समान देवताओं के यान पर सवार होकर सीधे विष्णु लोक में पहुंच जाते हैं।

यह राजा सुमति कौन थे? इनका क्या वैशिष्टय था और इनके किस कार्य एवं तप के कारण इन्हें देव यान में बैठकर विष्णु लोक जाने का सुफल प्राप्त हुआ-सनक जी ने इस

परम-पवित्र, पापनाशक एवं अत्यन्त प्राचीन ऐतिहासिक आख्यान का विवरण इस प्रकार दिया।

बहुत पुरानी बात है- सत्ययुग में चन्द्र वंश में समुति नाम का बहुत बड़ा धर्मात्मा, सत्यवक्ता और सदाचारी राजा हुआ है। उसका राज्य पृथ्वी के सातों द्वीपों तक फैला हुआ था। वह राजा इतना धर्मात्मा था कि रात दिन श्री विष्णु के स्तवन पूजन अर्चन में ही लगा रहता था। उसका सारा समय पूजन में अथवा साधु-सन्तों अतिथियों एवं ब्राह्मणों के आतिथ्य एवं स्वागत-सत्कार में ही बीतता था।

राजा सुमति की सत्यवती नाम की पत्नी बड़ी सुशीला, धर्म-परायणा, पतिपरायणा एवं कुलीन थी। वह भी अपने पति के समान ही विष्णु भक्ति में लीन रहती थी। दोनों ही इतने गहरे एवं गंभीर भक्त थे कि उन्हें अपने पूर्व जन्म का पूरा स्मरण था।

राजा सुमति अपनी पत्नी के साथ मास में प्रत्येक पक्ष की द्वादशी को श्री विष्णु का व्रत रखता था। मंदिर में जाकर ध्वजा समारोहण करता था। इस कार्य से दोनों की ही कीर्ति दूर-दूर तक फैली हुई थी। राजा की इस कीर्ति को सुनकर ही एक बार विभांडक मुनि अपने शिष्यों सहित राजा के दर्शन के लिए राजधानी पधारे। मुनि के आगमन का समाचार जैसे ही राजा को मिला, वह आपाद मस्तक, छत्र एवं आसन छोड़ मुनि के स्वागत के लिए महल की ड्यौढ़ी से बाहर आ गया। राजा ने मुनि का यथोचित सत्कार किया और मुनि के दर्शन पाकर स्वयं को कृतकृत्य अनुभव किया।

राजा के इस प्रकार साधु व्यवहार विनम्रता और सरलता को देखते हुए मुनि ने प्रसन्न होकर आशीर्वाद की मुद्रा में राजा से कहा-हे राजन्! जैसी तुम्हारी ख्याति सुनी थी तुम्हें उससे भी अधिक विनम्र, विनयशील, निरभिमान और कुलीन संस्कार युक्त देखकर मुझे संतोष और आत्मिक प्रसन्नता का अनुभव हो रहा है। तुम्हारी सज्जनता निश्चय ही प्रशंसनीय है। आपके जैसे व्यक्तित्व के लिए धर्मार्थ काम मोक्ष-चारों पुरुषार्थ का पुण्य लाभ उचित ही है। मैं आपके लिए स्वस्ति, उम्र, यश, वैभव एवं बल बुद्धि की शुभ कामना

करता हूं। मेरा अनुरोध है आप कृपया मुझे यह रहस्य ज्ञापित करें कि भगवान् विष्णु को प्रसन्न करने के लिए अनेक विधि हैं फिर इनमें ध्वजारोहण को ही आप इतना महत्त्व क्यों देते हैं? सर्वोत्तम क्यों मानते हैं? कृपया यह भी बताएं कि आप की पत्नी परम साध्वी होते हुए भी विष्णु मंदिर में नृत्य क्यों करती हैं?

मुनि की शंका का निवारण करते हुए राजा ने कहा-हे मुनिवर! अपने पूर्व जन्म में मैं मलिन नाम का एक कुमार्गी और शुद्र तथा धर्मद्वेषी था |अकारण ही गोहत्या तथा ब्राह्मण घाती था। मदिरा सेवी, धत प्रेमी, वेश्यागामी भी था। रास्ते में राहगीरों का सामान छीन लेता था उनकी, हत्या करने में मुझे आनंद मिलता था। संसार के सभी दुर्जनों का आकर मैं निर्द्वंद्वः रूप से अपने सुख में लीन रहता था।

एक बार मैं भूख-प्यास से पीड़ित इधर-उधर वन में भटक रहा था। वहां सुनसान निर्जन में एक जगह मैंने भगवान् विष्णु का एक टूटा-फूटा मंदिर देखा। वहीं पास में हंसो और करंडवों से भरा-पूरा बैलों-वृक्षों से सुसज्जित एक तालाब भी था। वहां वृक्षों से फलादि खाकर सरोवर का पानी पीकर मुझे तृप्ति का अनुभव हुआ तो मैं वहीं रहने लगा। अपने सामर्थ्य के अनुसार मैंने धीरे- धीरे उस मंदिर को साफ-सुथरा और ठीक-ठाक करना शुरू कर दिया। भूमि को समतल कर दिया, लीप-पोतकर रहने लायक कर लिया। मैंने वहां बीस वर्ष बिताए। इस पूरे समय में मुझे अपनी वृत्ति के लिए व्याध- वृत्ति का ही सहारा लेना पड़ा।

एक बार निषाद कुल की साध्वी निषाद कन्या अवकोकिला अपने बंधु बांधवों द्वारा त्यागी जाने पर एकाकी होकर वहां आई। यह देवी काफी कमजोर थी। बहुत भूखी और प्यासी थी। मैंने उस दुःखी महिला की जल भोजन और मधुर व्यवहार से उसकी सेवा की। जब वह महिला स्वस्थ हो गई तो उसने मुझे बताया कि दारुक निषाद की यह कन्या अवकोकिला विंध्याचल पर्वत की रहने वाली है। इसका काम सदा दूसरों का धन छीनना और उससे खुश होना था। यह हमेशा ही एक-दूसरे की चुगली करके उन्हें लड़ाया करती थी। इसके माता-पिता और बंधु-बांधवों ने उसे सुधारने का काफी प्रयास किया लेकिन

जब कोई प्रभाव नहीं हुआ तो अपनी जाति से निकाल दिया। लेकिन इसका पति बड़ा दयालु था। उसने इस कुल-कलंकिनी और परनिन्दा में आनंद लेने वाली कुमार्गी पत्नी को भी स्वीकार किया और आश्रय दिया। लेकिन दुर्भाग्यवश वह परलोक गामी हो गया।

इस तरह सब तरफ से निराश और असहाय वह महिला यहाँ उस मंदिर में भूखी प्यासी और बेहाल दशा में पधारी। यह महिला अपने घर से आत्महत्या का निश्चय करके चली थी लेकिन मेरे स्नेह और आदर से इसमें जीने की एक बार फिर लालसा पैदा हो गई। अब हम दोनों ही एकाकी परस्पर गृहस्थी बनाकर मंदिर में रहने लगे। वहाँ मांस भक्षण और मदिरपान में आनंद का अनुभव करके इसी में मस्त रहने लगे। हम दोनों ही मद मत्त अवस्था में ऐसा नृत्य करते थे कि हमें अपने वस्त्रों तक का ध्यान नहीं रह पाता था।

एक दिन ऐसे ही उन्मत्त दशा में हम नृत्य-लीन थे कि हमारा शरीर छूट गया। यमदूत हमें लेने आ पहुंचे। दूसरी ओर भगवान् श्री विष्णु ने अपने दूतों को हमें लेने भेज दिया। इसका कारण यह था कि हमने विष्णु मंदिर को साफ-सुथरा रखकर उसकी मरम्मत करके वहाँ नृत्य भक्ति में लीन उसी दशा में जीवन समर्पित कर दिया था। विष्णुदूत अत्यंत तेजवान और मोहक रूप वाले थे। उन्होंने यमदूतों से कहा कि तुम लोग इस विष्णु भक्त दंपत्ति को छोड़ दो इसी में तुम्हारी कल्याण है। जबकि यमदूत मानते थे कि ये दोनों ही नामी धूर्त और दुराचारी हैं। इनके अधार्मिक कृत्य, कदाचार, गौ और ब्राह्मण हत्या के दोषों के कारण ही वे इन्हें लेने आये हैं। यमदूतों के प्रश्न का उत्तर देते हुए विष्णुदूतों ने कहा-यह ठीक है इन्होंने अत्यंत जघन्य अपराध किए हैं लेकिन विष्णु पूजा से इनके सारे पाप धुल गए हैं। इसीलिए दीनदयाल परमकृपाल श्री नारायण ने हमें इन्हें अपने लोक में ले जाने का आदेश दिया है। हम तुम्हें यह बता दें-जो भक्त श्री विष्णु मंदिर में ध्वजारोहण करता है और उनकी भक्ति में लीन अपनी सुध-बुध खोकर नृत्य में संलग्न रहता है वह प्रभुकृपा से सभी घोर पापों से मुक्त और निष्कलुष होकर परम पवित्र हो जाता है। वह विष्णुप्रिय हो जाता है। अत: हे यमदूतों। तुम जानते हो कारण के सागर विष्णु कितने कृपालु हैं। अपने जीवन काल में निश्छल भाव से एक बार भी विष्णु स्मरण करने वाले

को वे अपने लोक के दर्शन अवश्य कराते हैं। इसमें वे जीवन भर पाप करने वाले को भी अपनी कृपा से वंचित नहीं रखते हैं। महा मुनि विभांडक को यह वृत्तांत सुनाते हुए राजा सुमति ने कहा-हे प्रभो इस प्रकार विष्णु दूतों की व्याख्या के बाद यमदूतों के पाश से मुक्त हम दोनों विष्णु दूतों के साथ विष्णुयान में बैठकर विष्णुलोक को चले गए। वहां हमने शंख, चक्र, पद्म और गदाधारी श्री विष्णु के दुर्लभ दर्शनों का सौभाग्य पाया। उस दिव्य लोक में अनंत काल तक देवताओं के लिए भी दुर्लभ कल्पनातीत सुखों का उपभोग करने के पश्चात् अब इस लोक में फिर समृद्ध राजकुल में जन्म पाया है। हे मुनि श्रेष्ठ! जब अनजाने में विष्णु सेवा से यह फल मिल था तो फिर यदि हम श्रद्धा और विधिपूर्वक विष्णु भक्ति में जीवन समर्पित कर दें तो क्या भगवान् श्रीमन्नारायण हमें सदा के लिए विष्णु लोक में वास करने का अवसर नहीं देंगे? हमें विश्वास है कि हम अपनी अटूट, निष्काम और निष्पाप भक्ति से देवाधिदेव विष्णु को अवश्य ही प्रसन्न कर सकेंगे।

यह सुनकर राजा और रानी को आशीर्वचन देते हुए विभांडक मुनि पुन: वन की ओर प्रस्थान कर गए। और राजा पुन: श्री नारायण की पूजा-आराधना में संलग्न हो गया।

हे मुनि प्रवर! अब आप सब से अधिक दुर्लभ चारों पुरुषार्थों को प्राप्त कराने वाले और सभी व्रतों में उत्तम तथा वरणीय हरि पंचक व्रत का विधान सुनिए।

मार्गशीर्ष मास की शुक्ल- दशमी के दिन सभी इंद्रियों को संयमित करके पवित्र होकर नित्य कर्म से निवृत्त होकर दैनिक संध्यादि करें। इसके बाद देव पूजन करें और पंच यज्ञ सम्पन्न करें। एक समय सादा भोजन करें। इस प्रकार संपूर्ण रात्रि हरि भजन-कीर्तन में बिताएं। दूसरे दिन नित्यनैमित्तिक कर्मों से निवृत्त होकर श्री विष्णु का पूजन करें। इसमें श्री नारायण की प्रतिमा पवित्र स्थान पर प्रतिष्ठित करके पंचामृत से उसका स्नान कराएं गंध पुष्पादि से धूप दें। षोडशोपचार पूजा-अर्चना करें इसके बाद प्रणाम निवेदन करते हुए भगवान् के सामने पांच दिन-रात बिना कुछ खाए निरंतर श्रीविष्णु के नाम का जप-पुराण, कथा- श्रवण और गुणों का बखान करते रहना चाहिए।

एसा करन स भूख, प्यास, नाद, आलस्य आाद पर सयम रखत हुए न रुकन वाल अखंड भजन में समय बिताना चाहिए। एकादशी से पूर्णिमा तक-पांचों दिन पंचामृत से एवं अंतिम दिन दूध से विष्णु होम करते हुए तिलों का दान भी करना चाहिए। पूर्णिमा की समाप्ति पर छठे दिन नित्य नैमित्तिक कर्मों से निवृत्त होकर भक्त को चाहिए कि वह शुभ्र वस्त्र धारण कर भगवत् पूजन में प्रवृत्त हुआ करें। अपनी क्षमता के अनुसार ब्राह्मणों को भोजन दान एवं दक्षिणा से संतुष्ट कराएं। अपने यहाँ पधारे महानुभावों को प्रसन्न करें। इसके पश्चात् ही अपने घर के सभी जनों के साथ प्रसाद ग्रहण करें।

यह विधि प्रति मास एकादशी से पूर्णिमा तक पूरे वर्ष पर्यन्त करते रहना चाहिए। श्रद्धापूर्वक किया गया बारह मास पर्यन्त का यह अनुष्ठान पंचरात्र व्रत निश्चय ही मनुष्य की सभी कामनाओं एवं अभीष्टों का पूरा करने वाला होता है। इस व्रत का उद्यापन भी मार्गशीर्ष माह में पूर्व व्यक्त विधि द्वारा ही करनी चाहिए। अन्तर मात्र यही है कि यह उद्यापन भी पांच रोज ही चलता है। इसके पश्चात् विधि विधान से किए गए इस अनुष्ठान स्वरूप स्वयं विष्णु अत्यंत प्रसन्न होकर अपने सभी अदेय सुखों से भक्त को लाभान्वित कराते हुए अन्त में विष्णु लोकगामी होने का आशीष देते हैं।

एक अन्य व्रत मासोपमास का विधान बताते हुए सनकाचार्य ने कहा-यह व्रत आषाढ़, सावन, भाद्रपद और आश्विन मासों में किया जाता है। इन चार मासों में सुविधानुसार किसी भी मास के शुक्ल पक्ष में जितेंद्रिय होकर पंचगव्य (दूध, दही, घी, गोबर, मूत्र) का प्राशन और विष्णु भगवान् के सान्निध्य में शयन करना चाहिए। इसमें भी प्रात काल नैमित्तिक कार्यों से निवृत्त होकर, स्नानादि करके, शुभ्र वस्त्र धारण करके, श्री विष्णु भगवान् पूजन आराधना करनी चाहिए। इसके पश्चात् वेदपाठी वैदिक विद्वान ब्राह्मण एवं भाई-बंधुओं के साथ सांसारिक कर्म से छुटकारा पाकर निरंतर श्री विष्णु का भजन पूजन करते रहने का संकल्प लेना चाहिए। उन्हीं श्री विष्णु से हमें यज्ञ के अनुष्ठान का निर्विष्ट समापन हो जाने के लिए याचना-निवेदन करना चाहिए। इस निश्चय के बाद एक मास बाद तक विष्णु मंदिर

म पूण रूप स वास करना चाहिए। इसम राजाना पचामृत स स्नान कराक पूजा- अचना करते हुए दिन रात न बुझने वाला दीप जलाए रखना चाहिए।

अहोरात्र श्री विष्णु का श्रवण, पुराण- प्रवचन, भक्ति से कीर्तन, रास लीलायें, मस्त रहते हुए श्री विष्णु की भक्ति में लीन रहना चाहिए। मास के बीतने पर अपनी सामर्थ्य के अनुसार ब्राह्मण को भोजन दक्षिणा एवं दान से संतुष्ट करते हुए अपने बंधु-बान्धवों को भोजन-प्रसाद से तुष्ट करके अंत में स्वाद प्रसाद रूप से भोजन करना चाहिए। यह व्रत वर्ष भर करके तेरहवें मास में बारह ब्राह्मणों को भोजन, दान दक्षिणा से तुष्ट कराने वाला, दक्षिणा से दूध देने वाली गाय दान करने वाला, आठ अग्निष्टोम यज्ञ फल का भागी हो जाता है। वह जीवन में कभी किसी रोग, दुःख या कष्ट को अनुभव नहीं कर पाता। यदि दैवयोग से कोई नारी पति विहीन, पुत्रहीना है; पुरुष-ब्रह्मचारी, वानप्रस्थी अथवा संन्यासी है तो उसे यह मासोप-मास व्रत अवश्य ही करना चाहिए। इस व्रत से जो सुख या मोक्ष योगियों, मुनि-महर्षियों के लिए भी दुर्लभ है वह भक्त को सहज ही प्राप्त हो जाता है।

हे नारद! एक व्रत ऐसा भी है जिसे इस पृथ्वी का कोई भी व्यक्ति, स्त्री, अन्त्यज, शूद्र कोई भी कर सकने का अधिकारी है। यह व्रत एकादशी व्रत है जो मुक्ति के देने वाला है। यह माहात्म्य पूर्ण है। प्रत्येक मास में दो एकादशियां होती हैं। शुक्ल पक्ष एकादशी तथा कृष्ण पक्ष एकादशी-इस प्रकार पूरे वर्ष में चौबीस एकादशियां होती हैं। इसमें एकादशी के दिन निराहार रहना पड़ता है। जो व्यक्ति एकादशी को भोजन करता है वह महापापी कहलाता है तथा परलोक में घोर नरक की भावना का भोगने वाला होता है।

इस व्रत के अनुष्ठान के पूर्ण फल को पाने वाले इच्छुक भक्त को चार समयों का- दशमी की रात्रि, एकादशी के दिन-रात, तथा द्वादशी को रात्रि का भोजन नहीं करना चाहिए। मोक्ष प्राप्ति के इच्छुक भक्त को तो भूल कर भी कभी इन चारों समयों में भोजन नहीं करना चाहिए। यह जान लेना चाहिए कि एकादशी के दिन भोजन करना ब्रह्म-हत्या के समान पाप माना जाता है। इसका प्रायश्चित या प्रतिकार कहीं भी नहीं है। इस व्रत का विधान भी मैं तुम्हें बताता हूं जो निम्न प्रकार है-

इस व्रत के दशमी के दिन प्रातःकालीन नित्य नैमित्तिक कर्म से निबट कर श्रद्धालु भक्त स्नानादि करके शुभ्र वस्त्र धारण कर विष्णु मंदिर में जाकर देव प्रणाम करके प्रथम तो प्रतिमा को स्नानादि करा दें तथा फिर षोडशोपचार से उनकी पूजा- अर्चना-आराधना करें। एकादशी के दिन उपवास ग्रहण करने एवं व्रती रहने का संकल्प लें और विष्णु जी से अनुष्ठान के निर्विघ्न सम्पन्न होने की कामना करें। इसके पश्चात् दशमी के दिन तथा रात्रि को भजन, पूजन; गायन एवं नृत्य आदि में व्यस्त रहें। एकादशी के दिन प्रात : तथा द्वादशी के दिन पूजन के समय क्रमशः पंचामृत तथा दूध से स्नानादि कराके षोडशोपचार से पूजन करते हुए करबद्ध होकर व्रत की सफलता से प्रार्थना करें। प्रार्थना के पश्चात् विद्वान् ब्राह्मण से पंचयज्ञ कराने तथा बाद में ब्राह्मण को भोजनादि से सम्मुष्ट कराके दान दक्षिणा से संतुष्ट करके प्रसन्नतापूर्वक विदा दें। इस पूरे दिन यह ध्यान रहे कि चाण्डाल, वेदनिन्दक, दुराचारी, कुकमर्गी, हिंसक, रजस्वला नारी, पति द्रोहिणी के दर्शन पातकी माने गए हैं-तत्पश्चात् बंधु-बांधवों को भोजनादि कराके स्वयं प्रसाद पाकर व्रत को पूर्ण मानना चाहिए।

इस संदर्भ में सनक मुनि ने श्रीनारदजी को भद्रशील मुनि और उसके पिता गालव मुनि का दृष्टांत देते हुए आख्यान इस प्रकार कह सुनाया- गालव मुनि के पुत्र भद्रशील को अपने पूरव जन्म की सारी कथा-वृत्त पूरी तरह स्मरण था। अपने बाल्यकाल से ही यह बालक दिन-रात विष्णुभक्ति में लीन रहता था। खेलने के लिए भी यह मिट्टी के घरौंदे या खिलौने की जगह विष्णु मूर्ति या मंदिर ही बनाता था। अपने साथियों के साथ उन्हीं की पूजा-अर्चना करता था। वह अपने मित्रों का संपर्क करने वाले लोगों को विष्णु भक्ति का ही उपदेश देता था। वह स्वयं तो एकादशी का परंतपः करता ही था; दूसरे पुरुषों, स्त्रियों, बच्चों, बूंदों, पंडितों, अल्प या अपंडितों तथा ब्राह्मण, क्षत्रिय, वैश्यों, शूद्रों, यहाँ तक कि अन्तजों को भी इस व्रत को करने के लिए प्रेरित करता रहता था। अपने इस अबोध बालक की इस प्रकार भक्तिलीन प्रवृत्ति और लगन को देखकर स्वयं तमोमुणी गालव भी हतप्रभ होने के साथ ही आनंद का अनुभव करते थे। एक दिन उन्होंने बड़े स्नेहपूर्वक अपने पुत्र से

पूछा-ह वत्स! तुम म बचपन स हा हार भाक्त क प्रात इतना तन्मयता, धाामक काया म अनुरक्ति तथा समाज कल्याण की भावना कैसे उत्पन्न हो गई? मुझे लगता है यह पूर्व जन्म का संस्कार है या पुण्यों का फल। हे कुल दीपक प्रिय पुत्र! मैं यह रहस्य तुम्हीं से जानना चाहता हूँ।

जिज्ञासु पिता की शंका का निवारण करते हुए बड़ी विनम्रता से भद्रशील ने बताया-हे तात पूर्व जन्म में मैं धर्मकीर्ति नामक सूर्यवंशी राजा था। श्रीमान् दत्तात्रेय मेरे कुल पुरोहित थे। उस जन्म में मैंने नौ हजार वर्ष तक पृथ्वी पर राज्य किया। धर्माचरण करते हुए भी मोह के वशीभूत मैं अधर्मी हो गया। असीम वैभव एवं संपत्ति ने मुझे विवेकहीन कर दिया। इस कारण बहुत से पाखंडी कुपात्र मेरे सहचर बन गए। उनके कुसंग से मेरा चरित्र भी पाखंडी हो गया। इस मद में मैंने यज्ञादि कर्मों को निरर्थक मानते हुए उन्हें त्याग दिया।

एक बार मैं अपने सैनिक साथियों के साथ शिकार खेलने गया। वहां मैंने अनेक पशुओं का वध किया लेकिन दुर्भाग्य से मैं अकेला पड़ गया। मेरे सभी साथी बिछुड़ गए। भूख से व्याकुल और प्यास से परेशान मैं भयानक धूप-ताप सहता संयोग से रेवा नदी के तट पर पहुंच गया। लेकिन मेरे संगी-साथियों का कहीं अता-पता नहीं था। वहीं रेवा के तट पर मुझे एकादशी व्रतियों की एक बड़ी संख्या मिली। मैं उन्हीं में सम्मिलित हो गया। अजाने ही मैंने उनके साथ सारे अनुष्ठान विधिवत् पूरे किए। भूखा तथा प्यासा रहने के कारण मैं उपवास भी नहीं झेल पाया और अगले दिन आकुलता में मेरे प्राण ही छूट गए। कुछ ही क्षणों में यमदूत मुझे लेने आ पहुँचे।

जब धर्मराज ने अपने लोक में पहुंचने पर मेरा खाता दिखाया तो चित्रगुप्त मेरा खाता देखकर चिन्ता में पड़ गया और बोला-प्रभु! यह ठीक है कि यह जीव सद्मार्ग से विचलित होकर कुमार्गी हो गया था किन्तु यह एकादशी के दिन निराहार रहा है। उस रात्रि में इसने रात्रि जागरण तथा श्री विष्णु स्मरण कीर्तन भी किया है। वहां पुण्य पवित्र जल वाली रेवा नदी के किनारे व्रत-पूजन करने से इसके सारे पाप स्वत: विनष्ट हो गए हैं। यह विवरण

सुनकर धमराज न मरा आभनन्दन किया आर अपन दूता का कठार आदश दिया कि श्री विष्णु भक्तों को, उनका कीर्तन करने वालों, एकादशी का व्रत करने वालों, परोपकारी जनों को, कभी कष्ट मत दिया करो। उन्हें मेरे पास लाने की धृष्टता भी मत किया करो। उन्होंने अपने दूतों से कहा कि ऐसे सज्जन तो सम्मान के अधिकारी होते हैं। इन्हें दुख देने वाले स्वयं पाप के भान होते हैं। इस पर अपने दूतों की यह धृष्टता क्षमा करते हुए श्री धर्मराज ने मुझे विशेष यान द्वारा विष्णु लोक में भेज दिया। विष्णुजी के परिषद सदस्य मेरे स्वागत को पहले से ही तैयार खड़े थे। वहां इसके पश्चात् बहुत दीर्घकाल तक मैं विष्णु लोक के सुखों का उपभोग करता रहा। यहां से मेरा स्थानांतरण इन्द्र लोक में कर दिया गया। यहां भी मुझे सभी दिव्य सुख उपलब्ध थे। अब मैं इस जन्म में आपके पुत्र रूप में उत्पन्न हुआ हूं। यह मेरे सत्कर्मों और श्री विष्णु कृपा की ही देन है।

यमराज ने अपने दूतों को यह स्थायी आदेश दिया कि कभी भी हरि भक्तों, सदाचारियों, दानी, महानुभावों का अनादर न करें तथा हरि भक्ति विमुखों, दुराचारियों तथा देवनिन्दकों को उनके कुकृत्यों की सही सजा दें कभी क्षमा न करें। उसमें इसी प्रकार स्मृति बने रहने से मेरी भगवत् भक्ति में प्रवृत्ति बनी हुई है। इसमें मैं अपना ही नहीं वरन् दूसरों के भी उद्धार का इच्छुक हूँ। इसीलिए अपने सभी स्वजनों साथियों को भी सदप्रवृत्ति के मार्ग पर चलाते हुए उन्हें श्री विष्णु भक्ति में अनुरागी बनाने का प्रयत्न किया करता हूँ। यदि एकादशी के व्रत का अनजाने में ही किए जाने का इतना पुण्य लाभ मिला है तो योजनावद्ध रूप में विधि-विधानपूर्वक इस व्रत के अनुष्ठान से तो पूर्ण रूप से आवागमन से मुक्तकाम होता हुआ सदा के लिए विष्णु चरणों में स्थान पा जाऊंगा। हे पूज्य पिता श्री आप मुझे आशीर्वाद देकर अनुग्रहीत करें।

गालव मुनि ने स्वयं ऐसे धर्मात्मा विष्णु भक्त पुत्र के पिता होने का गौरव अनुभव करते हुए अपने पुत्र को विष्णु पूजन का सही विधि-विधान विस्तार से समझाया।

इस एकादशी व्रत का एक आख्यान और है जिसे महर्षि सनक ने श्री नारदजी को इस प्रकार कह सुनाया-

एक बार की बात है राजा मांधाता ने अपने राज कुल गुरु श्री वसिष्ठ जी से पूछा-गुरुवर! ऐसा कौन-सा व्रत है जिससे अतीत या वर्तमान में भयंकर पाप रूपी- (अजाने ही किए गए) तथा गीले (जानबूझकर किए गए यानि विवशता या रुचि से) किए गए काष्ठ को भी दग्ध करने की क्षमता हो? इसके प्रत्युत्तर में श्री मुनिप्रवर गुरु वसिष्ठ ने कहा-राजन्! यह एकादशी व्रत है। इसके प्रताप से सूखा और गीला तथा पुराना और नया सभी प्रकार का पाप रूपी काष्ठ जलकर राख हो जाता है। इसमें एकदश इंद्रियों (पांच ज्ञानेन्द्रियां-आँख, नाक, कान,जिह्वा एवं त्वचा) पांच कर्मेन्द्रियां- (हस्त, चरण, वाणी, गुदा तथा लिंग एवं मन) से होने वाली सभी पाप इस एकादशी व्रत से नष्टप्राय हो जाते हैं। इसके लिए माहात्म्य के कारण इसे 'हरि दिवस' भी कहा जाता है। इस व्रत को भक्ति एवं श्रद्धापूर्वक सफल करने वाला मनुष्य पुन: माता का गर्भ नहीं धारण करता है। तुम्हें ध्यान होना चाहिए राजा रुक्यांगद की पत्नी ने एक बार एकादशी व्रत का भूल से उपहास कर दिया था। इसी कारण उसे दुर्गति को भोगना पड़ा था। महामना वसु के परामर्श से गंगा तट पर सश्रद्धा एकादशी अनुष्ठान से ही उसकी मुक्ति संभव हो सकी थी।

यह वृत्तांत सुनाते हुए महर्षि सूतजी ने ऋषियों महात्माओं से कहा-पुण्य कर्म वाले मुनियों! सनक मुनि से यह दिव्य प्रवचन सुनकर महर्षि नारद ने प्रसन्न मन और कृतकृत्य होते हुए यह कहा कि-महात्मन् अब आप मुझे चारों वर्णों के स्त्री-पुरुषों के लिए आचरण योग्य कर्म का तथा भूल होने पर उनके प्रायश्चित्त का विवरण भी बताने की कृपा करें। इस पर सनकाचार्य ने कहा-हे मुनि श्रेष्ठ! महामना मनु ने अपनी मनुस्मृति में वर्णाश्रम व्यवस्था की जो व्याख्या दी है वह इस प्रकार है सामान्य तथा धर्मशास्त्रों में चार वर्णों की व्याख्या है- ब्राह्मण, क्षत्रिय, वैश्य एवं शूद्र इनमें प्रथम तीन को द्विज अथवा द्विजाति कहा गया है यानि जिसके दो जन्म होते हैं। पहला जन्म तो जीव मां के गर्भ से धारण करता है दूसरा जन्म उसमें उपनयन संस्कार के पश्चात् गुरु के सान्निध्य में रहते हुए विद्याध्ययन करके संस्कार रूप में होता है। अपने वर्ण के निर्धारित कर्त्तव्य कर्मों का त्याग करने वाला पाखंडी

कहलाता है। द्विज का जन्म गृह सूत्र में व्यक्त कर्मों के निर्वहण से ही सफल होता है। प्रतिकूल आचरण से वह पतित हो जाता है।

कलियुग में द्विजाति के लिए निम्नलिखित कर्म अकरणीय माने गए हैं- समुद्रयात्रा, संन्यास ग्रहण, असवर्ण विवाह, नियोग द्वारा ज्येष्ठभ्राता या देवर से सन्तानोत्पत्ति, मधुपर्स में पशुवध, श्राद्ध में मांस भक्षण, कन्या का पुनर्विवाह, नैष्ठिक ब्रह्मचर्य, नरमेध, अश्वमेध, महाप्रस्थान तथा गोमेध। वर्णों के पृथक-पृथक धर्मों की व्यवस्था बताते हुए सनक मुनि ने कहा-ब्राह्मण के सामान्य धर्मों में दान लेना तथा देना, यज्ञ करना, आजीविका के लिए यजमानों से यज्ञ कराना, वेदों शास्त्रों का पढ़ना-पढ़ाना, समस्त जीवों का हित सोचना, मधुर भाषी होना, ऋतुकाल में पत्नी के साथ सहवास तथा विष्णु के प्रति अनन्य भक्ति परायण एवं सत्यभाषी होना।

क्षत्रियों का सामान्य धर्म है कि वे दानी हों, वेद अध्ययन, वेद भजन में प्रवृत्ति, शस्त्र जीवी धर्मानुसार प्रजापालान, दुष्टों को दंडित करें, सज्जन पुरुषों की रक्षा, देश काल के अनुसार प्रजा के हित में रचनात्मक कार्य में प्रवृत्त रहें तथा लोक कल्याण में लगे रहें।

वैश्य का धर्म है- पशुपालन, व्यापार, कृषि कर्म और वेदों का अध्ययन।

शूद्र के लिए सामान्य धर्म है- अपने कुल गोत्र के अनुरूप कन्या से विवाह, ऋतुकाल में ही पत्नी सहवास, द्विजातियों की सेवा, शिल्प द्वारा बेच खरीद करके अपनी आजीविका निर्वाह, सहनशील होना, अपनी स्थिति से संतुष्ट रहना मधुरभाषी होना थोड़ा-सा भी प्राप्त हो तो उसे ईश्वर कृपा जानकर संतोष एवं प्रसन्न रहना आदि।

हे मुनि प्रवर! आपत्ति काल में ब्राह्मण क्षत्रिय के, क्षत्रिय वैश्य के, वैश्य शूद्र के कर्म कर सकता है। इसके साथ ही ब्राह्मण को वैश्य के तथा क्षत्रिय को शूद्र के कर्म को नहीं स्वीकारना चाहिए। प्राणों का संकट उपस्थित होने पर भी धर्म की रक्षा करने वाला ही भगवान् के अनुग्रह का पात्र रह पाता है।

वर्ण के समान ही पूर्ण आयु को चार आश्रमों में विभक्त किया गया है- ब्रह्मचर्य, गार्हस्थ्य, वानप्रस्थ एवं संन्यास। इनमें कुल आयु सौ वर्ष मानकर प्रत्येक आश्रम को 25

वर्ष के समय में सीमित कर दिया गया है। गृहस्थ को चाहिए कि समुचित अवसर पर विधान के अनुसार ही गर्भाधान संस्कार कराए, बताए गए मंत्रों का उच्चारण करें। गर्भ के चौथे मास में सीमंतोन्नयन संस्कार कराएं। स्वस्ति वाचन के साथ नांदी मुख श्राद्ध एवं जात कर्म संस्कार पूर्ण करें। वाणी का नियमन करते हुए पुत्र का अभ्युदयिक कर्म पूरा करें। जातक शौच के समाप्त हो जाने पर विधान के अनुसार बालक का नामकरण संस्कार करें। नाम सार्थक, छोटा और स्पष्ट होना चाहिए। एक साल के भीतर ही बालक का यथासमय तीसरे, पांचवें, छठे या सातवें- आठवें माह में मुंडन संस्कार कराए। यदि किसी कारण गर्भाधान आदि संस्कार पूरे न हो सकें तो प्रायश्चित रूप 'कृच्छ' व्रत धारण करें अन्यथा जीव का कल्याण नहीं होता है।

ब्राह्मण, क्षत्रिय और वैश्य वर्णों में गर्भाधान के समय से क्रमश: आठवें, ग्यारहवें और बारहवें वर्ष में बालक का यज्ञोपवीत करा देना चाहिए। यदि यह किसी प्रकार संभव न हो सकें तो फिर सोलहवें, बाइसवें अथवा चौबीसवें वर्ष में भी इसे संपन्न किया जा सकता है।

उपनयन संस्कार में ब्राह्मण के लिए मूंज मेखला, एण मृग का चर्म, ढाक के वृक्ष का केशों तक लंबा दंड, गेरुए रंग के वस्त्र होने चाहिए। क्षत्रिय के लिए धनुष प्रत्यंचा की मेखला, रुद्र मृग का चर्म, ललाट तक का गूलर का दंड और मंजीठे रंग के वस्त्र पहनने चाहिए। वैश्य के लिए मेष की ऊन की मेखला, अज का चर्म, विल्व वृक्ष का नासिका तक लंबा दंड और पीतवर्ण के वस्त्र् धारण करने चाहिए। इसके उपरांत द्विज को गुरुकुल में ही वास करना चाहिए। गुरुकुल में नित्य ही प्रात: स्नानादि के बाद गुरु के लिए फल समिधाएं, फल सामग्री आदि लानी चाहिए। यदि ब्रह्मचारी के चर्म यज्ञोपवीत, दंड या वस्त्र दूषित हो जाएं खराब हो जाएं अथवा फट या टूट जाएं तो उन्हें किसी सरोवर या तालाब में छोड़ देना चाहिए। तथा पुन: मंत्रोच्चारण करते हुए धारण कर लेना चाहिए।

जितेंद्रिय तथा भिक्षा पर निर्भर रहते हुए अपने अध्ययन में प्रवृत्त रहना चाहिए। ब्राह्मण के यहां भिक्षा लेते समय- भवति भिक्षा देहि भात: क्षत्रिय के यहां- भिक्षां भवति देहि भात:

एव वेश्य के यहा- भिक्षा देहि भवति भातः कहते हुए भिक्षा के लिए याचना करना चाहिए। ब्रह्मचारी का कर्त्तव्य है कि वह प्रात : तथा सायं दैनिक अग्निहोत्र करें आचारपूर्वक ब्रह्मयज्ञ करें तर्पण करें तथा गुरु पूजा करें।

प्रसन्नचित्त गृहस्थी से मांग कर लाई गई भिक्षा की खाद्यसामग्री गुरु को अर्पण करनी चाहिए। तब गुरु द्वारा प्राप्त प्रसाद को संतुष्ट होकर ग्रहण करना चाहिए। ब्रह्मचारी के लिए शहद, स्त्री, मांस, पान, दातुन, उच्छिष्ट भोजन का त्याग करना चाहिए। छाता, खड़ाऊं, गंध, अनुलेपन, जल विहार, नृत्य गान, अनर्गल भाषण या अंजन को भी त्याज्य ही मानना चाहिए।

पाखंडियों एवं शूद्रों से सदैव अपने को बचाना चाहिए। वृद्धों- इनमें ज्ञानवृद्ध, वयोवृद्ध, तपोवृद्ध आते हैं का आदर करना चाहिए। वेद शास्त्रियों, आध्यात्मिक, अधिभौतिक दुखों को दूर करने वालों को गोत्र सहित नाम पुकारते हुए प्रणाम करना चाहिए।

ब्रह्मचारी पैर धोकर गुरु के सम्मुख प्रस्तुत हो चरण स्पर्श करे तथा उनकी अनुमति से स्वाध्याय प्रारंभ करें। ध्यान रहे अष्टमी, चतुर्दशी, प्रतिपदा, पर्वतिथि, महाभरणी- नक्षत्र, श्रवण नक्षत्रयुत्ता द्वादशी, भाद्र मास की शुक्ल-नवमी, चन्द्र-सूर्य ग्रहण तथा किसी श्रोत्रिय के आ जाने पर अनध्याय होगा। इन दिनों स्वाध्याय न करें।

जिस दिन किसी ब्राह्मण को कारागृह की सजा हो जाए, जिस दिन कोई क्लेश हो या कलह हो जाए, आकस्मिक वर्षा के कारण, अक्षय तृतीया भादों की कृष्ण पक्ष की त्रयोदशी, अक्षय नवमी (कार्तिक शुक्ल-नवमी) माघ की पूर्णिमा, फागुन की अमावस्या, पौष की शुक्ल-एकादशी, ज्येष्ठ की पूर्णिमा के दिन पठन-पाठन का अनध्याय करते हुए यज्ञ हवन, देव पूजन तथा श्राद्धादि पुण्य कर्म करके दिन व्यतीत करना चाहिए।

अपने ब्रह्मचर्य काल अथवा विद्याध्ययन के पूर्ण हो जाने पर विद्यार्थी का कर्त्तव्य है कि वह गुरु को दक्षिणा आदि देकर तब गृहस्थ आश्रम में प्रविष्टि हो। इस आश्रम में प्रवेश

के लिए रूपवती सुन्दर गुणवती. अच्छे कुल वाली शील स्वभाव की माता के कुल में पांचवें तथा पिता कुल में सातवीं पीढ़ी तक ग्राम से परे की सुलक्षणों वाली कन्या से ही विवाह करना उचित है। जो कन्या बिना बात ही अट्टहास करती, है कलह करने वाली, बहुत अधिक खाने वाली, स्थूल, निष्ठुर स्वभाव की, बड़े दांतों वाली, बहुत अधिक काली, पीले रंग की, बिना कारण द्वेष करने वाली, बिना मतलब बोलने वाली, लम्बी नाक वाली, जुआ खेलने वाली, मदमस्त हो, पूरे शरीर का विकास न हुआ हो ऐसी लड़की से भी विवाह नहीं करना चाहिए।

विवाह आठ प्रकार के होते हैं- ब्रह्म विवाह, दैव विवाह, आर्य विवाह, प्राजापत्य विवाह, सुर विवाह, गांधर्व विवाह, राक्षस विवाह, पिशाच विवाह। इनमें सबसे उत्तम ब्रह्म विवाह है। दैव तथा आर्य विवाह भी निंदनीय नहीं है। शेष विवाहों की इन तीन से किसी भी प्रकार तुलना नहीं की जा सकती। ब्राह्मण के लिए चाहिए कि वह प्रथम ब्रह्म-विवाह को ही अपनाए।

ब्रह्मचारी के ब्रह्मचर्य को त्यागकर गृहस्थ बन जाने पर उबटन, तेल, वस्त्र, आभूषण और चन्दनादि का प्रयोग करते हुए सदैव स्वच्छ, रूपवान और सुसज्जित रहना चाहिए। स्वाध्याय का कभी त्याग नहीं करना चाहिए। कभी भी पराया अन्न, दूसरों की निन्दा, झूठा भोजन, परायी स्त्री के साथ गमन, दुष्टता, अनर्थक विवाद नहीं करना चाहिए। प्रात:काल सवेरे उठकर नित्य नैमित्तिक कर्म से निवृत्त होकर पूजन, तर्पण, श्राद्ध, अतिथि सेवादि करते हुए अपने दैनिक कर्म में प्रवृत्त होना चाहिए। इसमें सबसे पहले प्रात काल ब्रह्म मुहूर्त में शय्या त्यागकर, यज्ञोपवीत को कानों पर चढ़ाकर, उत्तर दिशा में मुंह कर शौचादि से निवृत्त होना चाहिए।

ब्राह्मण को भीतर एवं बाहर दोनों पक्षों से शुद्ध पवित्र रहना चाहिए अर्थात् शरीर तथा आत्मा से शुद्ध रहना चाहिए। इसके लिए मिट्टी और जल से शरीर की शुद्धता होती है मन के भावों की पवित्रता से आन्तरिक शुद्धता रहती है। मूत्र त्यागने के पश्चात् लिंग को एक बार तथा मलत्याग करने के पश्चात् एक बार लिंग, पांच बार गुदा को मिट्टी व जल से धोना

चाहिए। इसके बाद हाथ पैरों को तीन बार मिट्टी व जल से धोना चाहिए। इसके बाद दातुन करें। आम, नीम, या मदार वेल; किसी की दातुन लें, दंत साफ करें, जीभ साफ करें तथा नदी सरोवर या कुएं में जल से स्नान करें।

स्नान के पश्चात् प्राणायाम और फिर सूर्य नमस्कार करें। जल से बाहर आकर स्वच्छ शुद्ध वस्त्र धारण करके दर्भासन पर बैठकर संध्या-उपासना करें इसके पश्चात् यह कहते हुए गायत्री का जाप करें-

आगच्छ वरदे देवि! अक्षरे ब्रह्मवादिनी।
गायत्री छनदसां मति ब्रह्मयोने नमोस्तु ते।।

इसके बाद सूर्य देव को जल की अंजलि से प्रणाम करें। गायत्री का विसर्जन करें फिर देवों की अर्चना तथा यज्ञ करें। अतिथियों का अन्न, फल, खीर आदि से स्वागत करने के पश्चात् स्वयं भोजन करें। तब आजीविका के लिए कार्य में जुट जायें।

तृतीय वानप्रस्थ आश्रम में तीन काल का स्नान सिर, दाढ़ी, मूंछ अथवा नाखूनों को नहीं कटवाते हुए, कन्दमूल फल खाते हुए, केवल प्रात काल ही भोजन करते हुए, श्री नारायण के चरणों में निरंतर ध्यान करते हुए, तपस्यारत रहकर चांद्रायण व्रत आदि करते हुए, जितेंद्रिय रहकर सर्दी गर्मी वर्षा आदि सभी कष्टों को सहते हुए, जीवन व्यतीत करना चाहिए।

संन्यास आश्रम ग्रहण करते समय द्वंद्व, ममता, अहंकार तथा राग द्वेषादि से मुक्त होकर द्विज को चाहिए नग्न या लंगोटी मात्र धारण करते हुए, शत्रु-मित्र से समान भाव से व्यवहार करते हुए, मान-अपमान में समान भाव से सम-दृष्टि रहना चाहिए। एक ग्राम में तीन रात से अधिक न रहते हुए भिक्षा की वृत्ति के रूप में स्वीकार करके तीनों कालों के स्नान ध्यान कर्म करते हुए प्रणव के जाप में रत रहना चाहिए।

इसके पश्चात् श्राद्ध कर्म की विधि को सविस्तार बताते हुए सनक मुनि ने नारदजी से कहा-जिस दिन श्राद्ध होना है उससे एक दिन पूर्व केवल एक बार भोजन करना ही उचित

है। अनुष्ठान पूर्ण कराने के लिए ब्राह्मण को भी एक दिन पूर्व ही निमंत्रण दे देना चाहिए। श्राद्ध वाले दिन दातुन, तेल, तांबूल तथा दूसरों का अन्न ग्रहण करने से बचना चाहिए। विकलांग, कापुरुष, बीमार, भ्रष्टव्रती, झूठ बोलने वाला, असहिष्णु और दुराचारी व्यक्ति को कभी श्राद्ध के लिए आमंत्रित नहीं करना चाहिए। ब्राह्मण को विष्णुभक्त धर्माचारी कुलीन वेद पाठी होना चाहिए।

भक्त को चाहिए कि श्राद्ध के दिन प्रात:काल उठकर सभी नैमित्तिक कार्यों से निवृत्त होकर बारह बजे पितरों के निमित्त ब्राह्मणों को भोजन कराने के लिए बिठाए। तिलों को द्वार पर बिखेर दे तथा हाथ में जल लेकर संकल्प करें। अग्निष्टोम यज्ञ करके ब्राह्मणों को भोजन परोसे। ब्राह्मणों के भोजन कराते समय यजमान को चाहिए कि वह श्रीविष्णु का स्मरण करता रहे और गायत्री का जाप करता रहे। भोजनोपरांत स्वस्तिवाचन पाठ करें। दक्षिणा देकर ब्राह्मणों को सम्मानपूर्वक विदा करे, कौओं एवं कुत्तों आदि को बलि दे। भिखारियों को दान देकर परिवार के सभी सदस्यों को भोजन कराए, घर के नौकरों को भी भोजनादि कराके संतुष्ट करें। अन्त में सब कार्यों से मुक्त होकर शांतिपूर्वक स्वयं भोजन करें। तर्पण एवं श्राद्ध के लिए कौन-सा क्षेत्र उत्तम है- जिन पितरों ने हमें जन्म दिया है पुत्र रूप में-पू- (नरक) त्र त्राण नरक से त्राण दिलाएगा, उनकी आशा पूरी करना पुत्र का परम कर्त्तव्य है अत: यह पुण्य किस जगह श्राद्ध करने पर सरलता से प्राप्त होता है? सनक मुनि ने लोक उपकार में रत नारद जी से कहा-यह प्रश्न लोक कल्याण के लिए बहुत महत्त्वपूर्ण है। जो पुत्र होकर भी पितरों के त्राण के विषय में विचार नहीं करता वह अपने पितरों को तो निराश करता ही है स्वयं भी अनिष्ट का भागी होता है-पृथ्वी का सबसे अधिक पवित्र स्थल जहां तर्पण करने से पितरों का सबसे शीघ्र उद्धार हो जाता है- यह 'गया' है जिसे सर्वोत्तम पितृ तीर्थ कहते हैं। यहां श्री विष्णु ने गयासुर नाम के राक्षस का वध किया था इसीलिए यह क्षेत्र पुण्य क्षेत्र कहलाया। स्वयं विष्णु यहीं गदाधर के रूप में जन्मे भी थे। श्रीविष्णु के गया जी के गदाधर रूप में उत्पन्न होने का भी एक प्राचीन आख्यान है-प्राचीन काल में हेति नाम के राक्षस ने अपने उग्र एवं कठोर तप से ब्रह्मा-विष्णु-शिव को प्रसन्न करके उनसे सभी शास्त्रों-अस्त्रों से अवध्य होने का वरदान प्राप्त कर लिया था। वरदान प्राप्त

होने के बाद वह दैत्यराज मदान्मत्त होकर बहुत अधिक उत्पाती हो गया। उसने देवलोक में भी ऊधम मचा दिया सभी देवताओं को श्रीहीन करके उनका सर्वस्व छीनकर उन्हें स्वर्ग से निष्कासित कर दिया। यहां तक कि इंद्रासन पर अपना अधिकार करके इंद्राणी को भी अपनी अंकशायिनी बना लिया।

पूर्ण रूप से दुखी एवं त्रस्त देवगण समूह में अपनी व्यथा कथा लेकर श्रीमन्नारायण विष्णु की शरण में उपस्थित हो गए और निरीह से करुण क्रंदन करने लगे। उनसे अपने उद्धार की प्रार्थना करते हुए अनेक प्रकार से अनुनम विनय करने लगे। विष्णु ने उसे अवध्य कहते हुए कहा-यदि नया आयुध खोज लिया जायेगा तो संभव है उस पर काबू पाया जा सके।

विष्णुजी से इस प्रकार नये आयुद्ध की खोज के संदर्भ में विमर्श करके सभी देवगण श्री ब्रह्माजी के पास गए। वहां उनके परामर्श से त्वष्टा ने गदा नाम के नए आयुध की रचना की। श्री विष्णु ने उसे धारण करके हेति के साथ युद्ध में उसका गदा से ही वध किया। इसी कारण वे गदाधारी-'गदाहार' के नाम से प्रसिद्ध हो गए। जहाँ विष्णु का हेति से युद्ध हुआ था वह तीर्थ "गया" हो गया। यहां श्री विष्णु की गदा- द्वार के रूप में प्रतिष्ठा है। ब्रह्माजी ने इस क्षेत्र को परमपवित्र और उत्तम स्थान जानकर यज्ञ किया व सरस्वती नदी का निर्माण किया। कहते हैं स्वयं ब्रह्माजी इस स्थान में व्याप्त हो गए। इसीलिए गया में श्राद्ध कर्म, पिंडदान, तर्पण आदि किया जाता है वह अक्षय हो जाता है।

गया में पिंडदान के लिए 'प्रेतशिला' मुख्य स्थल है यहाँ पिंडदान करने से मृत व्यक्ति यदि प्रेतयोनि में भी होता है तो उसकी मुक्ति हो जाती है। यहाँ प्रभास अत्रि तथा महानदी के संगम पर स्नान करने वाला साधक स्वयं शिव रूप हो जाता है। संगम पर ही स्थित काम तीर्थ है। यहां स्नान करने वाला भक्त पितृ तर्पण करता है तो पितरों को मोक्ष प्राप्त हो जाता है। यहाँ मर्यादा पुरुषोत्तम राम ने अपने पितरों का श्राद्ध किया था। उनकी स्मृति को अमर बनाने के लिए ही उस स्थान का नाम 'राम-तीर्थ' पड़ गया।

यदि कोई व्यक्ति गया तीर्थ में श्राद्ध करने जाता है तो विधान इस प्रकार है- मतंग क्षेत्र में जाकर सबसे पहले यमराज फिर उनके श्याम और शवल कुत्तों की बलि देकर घी युक्त चरु के पिंडदान कर मंत्र का उच्चारण करते हुए पितरों का आह्वान करना चाहिए। यज्ञोपवीत दायें कंधे पर डालकर दक्षिण दिशा की ओर मुंह करके पितरों का स्मरण ध्यान करना चाहिए। तिल मिले सतू के पिंड बना कर उन्हें सिर के पीछे फेंक कर " मेरे सभी पितर इन पिंडों से तृप्त हो" कहकर ये कामना करनी चाहिए। इसके बाद हाथ में कुशा लेकर आचमन करें। कुशा से छिड़का जल लेकर मार्जन करें तब घी दूध मिला आटे के ग्रास बनाकर इस मंत्र का उच्चारण करते हुए सभी दिशाओं में फेंके-

आब्रह्म स्तम्व पर्यन्त देवर्षि पितृ मानवा:।
तृप्यन्तु पितर: सर्वे मातृ मातामहादय:।।

तब सूर्यादि ग्रहों का पूजन करें। भगवान् शिव, विष्णु, श्रीकृष्ण की पूजा अर्चना करें।

इसके बाद पितरों की मुक्ति के लिए धर्मराज और यमराज को छल रहित प्रयोजन मानते हुए उन्हें बलि देनी चाहिए। इसी समय कौए की बलि भी देनी चाहिए।

यह श्राद्ध कर्म श्रद्धापूर्वक संपन्न करके ब्राह्मणों को भोजन एवं दान दक्षिणादि से संतुष्ट करें। उनका शुभाशीर्वाद प्राप्त करें। आए हुए सभी अतिथियों, भिखारियों को तथा अभ्यर्थियों को यथासामर्थ्य अन्न वस्त्रादि देकर संतुष्ट करें।

तब सभी बांधु-बान्धवों को प्रेमपूर्वक भोजनादि कराके फिर स्वयं प्रसाद रूप में भोजन ग्रहण करें।

ऐसा कहते हुए सनक मुनि ने श्री नारदजी से कहा-हे मुनिवर! गया तीर्थ में विधानपूर्वक जो कोई भक्त जीवन में एक बार भी श्राद्ध कार्य सम्पन्न कर लेता है उसके पितरों की सदा के लिए गति हो जाती है। वह पुत्र सुपुत्र कहलाने योग्य होता है।

द्वितीय खंड

समस्त तपों, व्रतों, धर्मानुष्ठानों एवं दान आदि के निष्पादन की विधियां हैं, नियत काल हैं एवं तिथियां हैं। अपने यथा समय पर ही श्रद्धालु भक्तों को अपना अनुष्ठान संपन्न करना चाहिए। यह कहते हुए श्री सनक मुनि ने नारदजी को सभी व्रतों की यथाविधि उनकी विधियों के विस्तार को बताना प्रारंभ किया। व्रत करने की तिथियां एकादशी, अष्टमी ,षष्ठी, पूर्णिमा, चतुर्दशी तथा तृतीया मानी गई है। इन्हीं के दिन उपवास किए जाने से लाभ होता है। यदि किसी कारण ये विधियां अपने से आने वाली तिथियों से मिल रही हैं -यानि एकादशी में द्वादशी समाहित हो तो फल द्विगुणित हो जाता है लेकिन यदि ये अपनी पूर्व तिथियों से मिल रही हों यानि एकादशी दशमी से, या अष्टमी सप्तमी से तो व्रत उपवास निषिद्ध हो जाता है। इनमें किया गया अनुष्ठान सर्वथा निरर्थक ही नहीं हानिप्रद भी होता है। इसमें कृष्ण पक्ष की अपेक्षा शुक्ल पक्ष को अधिक महत्त्व दिया गया है। इसमें भी मध्याह्न से पूर्व का समय अनुष्ठान प्रारम्भ करने के लिए उचित माना गया है। इसलिए पूर्वाह्न में ही यह देख लेना चाहिए कि तिथि शुद्ध है अथवा नहीं।

पूर्वाद्ध में ही प्रात: यह देख लेना चाहिए कि तिथि ग्रहण करने योग्य है। इसके लिए दो मुहूर्त का समय काफी है विचार के लिए। यदि व्रत रात्रि का है तो ऐसे में प्रदोष में आने वाली तिथि को ही स्वीकार करना चाहिए। जिन व्रतों का अनुष्ठान नक्षत्रों के आधार पर निश्चित किया जाता है उनके लिए सूर्यास्त के समय नक्षत्र देखकर निर्णय करना चाहिए। यह निश्चित है कि अनुष्ठान के सुफल के लिए दिन की तिथियां ही पवित्र मानी गई हैं। व्रतों का भोग रात्रि में ही उत्तम होता है।

जब संक्रांति काल होता है अर्थात् एक राशि से दूसरी राशि में प्रवेश करता है यह समय स्नान, ध्यान, तप, जप, होम के करने पर किए जाने वाले दान के लिए सर्वोत्तम होता है। इसका विशेष पुण्य मिलता है। जिस समय सूर्य ग्रहण का सूतक प्रारम्भ होता है उसमें तीन पहर से पूर्व भोजनादि करना अनिष्ट का सूचक है। यह समय दान पुण्य आदि के लिए विशेष फलदायक होता है। लेकिन हे नारद! इसमें मनुष्य से भूल हो सकती है मूल चूक

मनुष्य का स्वभाव है इसके लिए प्रायश्चित्त का भी विधान बना हुआ है लेकिन जानकर उपेक्षाभाव से जो व्यक्ति विधान के प्रतिकूल आचरण करता है उसका कोई प्रायश्चित्त नहीं है।

यदि किसी ब्राह्मण द्वारा अन्य वर्णों के किसी प्राणी की हत्या या वध हो जाए तो क्षत्रिय वध में छ:, वैश्य वध में तीन, तथा शूद्र वध में एक वर्ष पर्यन्त-सश्रम कठोर ऊच्छ-व्रत धारण कर प्रायश्चित्त करना ही एकमात्र उपाय है। किसी बुड्ढे व्यक्ति, कामातुर व्यक्ति, युगल अथवा स्त्री या बालक की हत्या का दोष भी कठोर दण्ड भुगतने पर ही व्यक्ति को पाप-मुक्ति दिला पाता है।

मदिरा का पीना बड़ा भयंकर पाप है। मदिरा सेवी यदि प्रायश्चित्त करना चाहता है तो उसे चाहिए कि वह स्नान करके, गीले वस्त्र धारण करके, लोहे तांबे या सीस- धातु के पात्र में दूध घी या गौ का पेशाब को गर्म-गर्म इस प्रकार पी ले की मृत्यु हो जाय यही उसका एकमात्र पाप-मुक्ति का उपाय है। हां यदि किसी रोग से मुक्ति के लिए मदिरा का प्रयोग औषध रूप में अत्यावश्यक है तो इससे शुद्धि के लिए चांद्रायण व्रत करके पाप मुक्ति की जा सकती है। यदि ब्राह्मण कभी भूल से भी अजाने में मदिरा पान कर लेता है तो उसे पुन: उपनयन संस्कार कराके शुद्ध पवित्र एवं द्विजी होना होगा।

सीधे या अप्रत्यक्ष रूप से किसी अन्य की वस्तुएं हस्तगत करना या अपनी बना लेना अथवा बता देना ही चोरी कहलाता है। जो व्यक्ति ब्राह्मण, गुरु, धर्म पुरोहित अथवा सदाचारी और धार्मिक व्यक्ति के यहाँ चोर कर्म करता है उसका प्रायश्चित्त है कि शरीर पर घी का लेप करके गोबर के उपलों में बैठ कर आत्मदाह कर ले। यदि समय रहते हुए वह व्यक्ति चोरी किया गया सामान उसके स्वामी को पुन: लौटा देता है तो प्रायश्चित्त रूप में बारह दिन का उपवास व्रत और सन्तापन- (यानि पूरे समय अपने को अग्नि में तपाना) करते हुए प्रायश्चित्त करें। इससे ही शुद्धि सम्भव हो सकती है अन्यथा नहीं।

अनजाने में अपनी माँ या बहन के साथ यौन संसर्ग करने वाले व्यक्ति को सीधे अपने पाप को सामूहिक रूप से स्वीकार करके अपने अंड कोषों को स्वयं काट देना चाहिए।

इस प्रक्रिया से प्राण नाश होना अवश्यम्भावी है किन्तु प्रायश्चित्त तो हो जायगा। अनजान में ही अपने से उच्च कुल की महिला के साथ विषय भोग करने के कुफल एवं पाप से बचने के लिए गोबर के उपलों में बैठकर भस्मी भूत हो जाना चाहिए। सवर्ण स्त्री या असवर्ण स्त्री की योनि में वीर्य स्खलन किए बिना निवृत्त हो जाने वाला नौ वर्ष तक के कठोर श्रम के व्रत से तथा वीर्य स्खलन करने वाला बारह वर्षों तक के क्रच्छ व्रत करने के बाद ही शुद्ध हो पाता है। अपनी कामभावना के वशीभूत जब कोई व्यक्ति गुरु- पत्नी, बहन, भाभी, पुत्री, चाची, मामी या पुत्र वधू से संभोग कर लेता है तो उस नराधम को अग्नि में भस्म हो जाना चाहिए तभी शुद्धि हो पाती है।

चांडाल, स्त्री मित्र, पत्नी अथवा शिष्य-पत्नी से काम सुख प्राप्त करने वाला व्यभिचारी पुरुष 6 वर्ष तथा सहमति से विषय भोग करने वाला एक वर्ष कृच्छ व्रत के करने से ही शुद्ध हो पाता है। हत्यारा, शराबी, चोर, व्यभिचारी के समान सभी पाप में लीन जघन्य प्राणी का साथ भी उसी के समान पातकी होता है। इनके प्रायश्चित्त का भी पूरा विधान है। इसमें जितना अधिक समय संग में व्यतीत होता है उतना ही अधिक कष्टदायक प्रायश्चित्त होता है।

जानकर किये गए गौ वध का कोई प्रायश्चित्त नहीं है। किसी विशेष परिस्थिति से सामान्य पदार्थों की चोरी का प्रायश्चित्त पंचगव्य लेने से हो जाता है। लकड़ियां, वृक्ष, गुड, चमड़ा, मांस की चोरी की शुद्धि के लिए तीन दिन का उपवास किसी शूद्र की जूठन खा लेने पर तीन दिन का चांद्रायण व्रत, रजस्वला स्त्री, चांडाल या पापी से भिड़ जाने पर कपड़ों सहित स्नान करने से तथा घी का भोग लगाने से शुद्धि हो जाती है। सनक मुनि ने शुद्धि के लिए विस्तार से बताते हुए कहा हे मुनि नारद! आठ सौ गायत्री मंत्रों का जाप करने से प्रत्येक प्रकार की शुद्धि संभव है। देवताओं या ब्राह्मणों की निन्दा भयंकर पाप में गिनी जाती है इसका कोई प्रायश्चित्त नहीं है। किसी भी प्रायश्चित्त में भविष्य में वैसा कदाचरण न करने का संकल्प लेने पर ही प्रायश्चित्त का सुफल मिलता है अन्यथा नहीं। जो ईमानदारी से प्रभु में निष्ठा रखते हुए सत्य का आचरण करते हुए प्रायश्चित्त कर्म को

संपन्न करता है उसके पापों का सरलता से नाश हो जाता है वह मुक्त-पाप हो जाता है। वरना वह पतित ही रहता है। इस लोक में निन्दा और अपमान तथा परलोक में दुर्गति का भागी होता है। भगवान् विष्णु का स्मरण उन्हीं के नाम में अनुरक्त, ध्यान, अर्चना और श्रद्धापूर्वक भजन पूजन करने वाला सभी पापों से सहज ही निवृत्ति पा लेता है। यह कहना चाहिए कि पूर्ण निष्ठा से सच्चे मन से किए गए प्रायश्चित्त का ही सुफल मिलता है। यह एक मनुष्य जन्म बड़े पुण्यों के फलस्वरूप प्राप्त होता है। विद्युत की चमक के समान यह अवसर क्षणभुंगर है। जो व्यक्ति ऐसा दुर्लभ अवसर पाकर भी अपनी उपेक्षा से इसे गंवा देते हैं उनको मूर्ख और अभागा ही कहा जा सकता है। मनुष्य को चाहिए कि वह मोह, अहंकार, काम, क्रोध, परनिन्दा जैसी कुत्साओं से मुक्त रहकर केवल श्री विष्णु नाम के ही स्मरण-भजन-पूजन में समय लगाए।

जो व्यक्ति यह रहस्य जान लेते हैं वे इस जीवन पर विश्वास न करते हुए मृत्यु को समीप जान कर संयोग या वियोग को प्रकृति का नित्य नियम जानकर मोक्ष की प्राप्ति के लिए सदैव तत्पर रहते हैं। विष्णु लोक ही एकमात्र मानव का उद्देश्य होना चाहिए उसी की चरम सुख और चरम लक्ष्य होना चाहिए। यहां रोग, शोक, मोह, प्राप्ति, चिन्ता, व्याधि आदि सांसारिक व्याधाओं से मुक्त मनुष्य निष्पाप रूप में स्वतंत्र विचरण करता हुआ अपना जीवन सफल अनुभव करता है। निष्पाप रहने के लिए पाप से बचा रहना ही सबसे बड़ा कर्म है। अनजाने किए गए किसी दुष्कर्म का प्रायश्चित्त का विधान है किन्तु प्रायश्चित्त के पश्चात् फिर पाप में लिप्त होने से पुन: कोई भी प्रायश्चित्त उसका निराकरण नहीं कर सकता है। हां श्री विष्णु के अनुग्रह से पाप-मुक्ति की संभावना की जा सकती है। इसके लिए श्रद्धा निष्ठा और कर्म के प्रति सचेष्टता आवश्यक है इसके लिए मन में मुक्ति की छटपटाहट बहुत आवश्यक है।

सनकादि मुनियों से चारों, वर्णों चारों आश्रमों का पूर्ण परिचय पाकर श्री नारद जी ने यमपुरी के कठिन मार्ग को जानने की इच्छा प्रकट की तब सनकादि ने उनकी जिज्ञासा शांत करते हुए कहा-यमराज का मार्ग पुण्यात्माओं के लिए सम्मानजनक तथा सुखकारी

होता है। जबकि पापात्माओं के लिए घोर त्रासद और दुखदायी होता है। यमलोक इस पृथ्वी से तीन लाख चौरासी हजार कोस दूरी पर स्थित है। पापी इस मार्ग पर जाते हुए भूख प्यास से त्रस्त वस्त्र हीन पीड़ा अनुभव करते हुए, धर्म में पसीना बहाते हुए, यमदूतों के कोड़ों को सहन करते हुए, कहीं दावनल अग्नि, कहीं तपती रेत में से दहकते हुए, कहीं काटों- कहीं नोकदार पत्थरों से चोट खाते हुए, कहीं रक्त के रिसते हुए, कहीं दल-दल में फंसते हुए, चीत्कार करते हुए, कहीं कठिन जंगलों में भटकते हुए यह यात्रा पूरी करते हैं। यमलोक यात्रा में सुई की नोक वाले कीड़ों का दंश सहते हुए वे अत्यंत पीड़ित व्यथित हो जाते हैं।हिंसक पशु उन पर दहाड़ते हैं, दांतों से काटकर उन्हें नोचते हैं; यमदूत पापात्माओं को रस्सी से बांधकर कुछ को नाक में रस्सी बांधकर खींचते हुए उन्हें कष्ट पहुंचाते हैं। कुछ के लिंग के साथ लोहे का भार बांधकर उन्हें भागने के लिए मजबूर करते हैं और कुछ पापियों के नाक और कान के छेदों से भारी लोहा लटका दिया जाता है। कुछ को घसीट कर भगाया जाता है। कुछ की आँख पर पट्टी बांधकर इतना दौड़ाया जाता है कि वह हांफने लगे। तात्पर्य यह है कि रास्ते भर उनको सता-सता कर लाया जाता है।

हे नारद! जिन पर श्री विष्णु की कृपा होती है उन भक्त महात्माओं को, दानियों, धर्म परायण महानुभावों और सद्बुद्धिजनों के लिए यह यात्रा सुखकारी होती है। अन्न दान करने वाले भक्तों को मार्ग में भांति- भांति के व्यंजन भोज्य-पदार्थ के रूप में प्राप्त होते हैं। जल दान करने वालों को दूध दही घी आदि से परितृप्त किया जाता है। मधुदान करने वालों को ये सभी पदार्थ और अन्य उत्तम पदार्थ सर्वत्र बहुलता से प्राप्त होते हैं। वस्त्रदान करने वालों को अच्छे-अच्छे वस्त्र, दीपदाताओं को प्रकाश, भवनदान करने वालों को विमान में आरूढ़ करते हुए आनंद क्रीड़ा करते हुए धर्मराज के मंदिर में पहुंचाया जाता है। पशुदान करने वाले, माता-पिता की सेवा करने वाले, ब्रह्मचारी संन्यासी विद्वानों आदि की सेवा-सुभूषा करने वाले, धर्मराज मार्ग की यात्रा बड़ी सुविधा में सुखमय पूरी करते हैं। उनके लिए यमलोक का वास आनंदमय होता है। पुराण प्रवक्ता और श्रोताओं की तो यमराज स्वयं पूजा करते हैं। हे नारद! नारकीय यातनाएं तो वास्तव में मनुष्य को इसलिए भयभीत

करन क लिए दा जाता ह कि वह पाप आर अनाचार स बच। इन यातनाआ स बचन क उपाय भी हैं। दान भावना सत्कर्म में प्रवृत्ति धर्म में अनुराग और ईश्वर में भक्ति ऐसे ही उपाय हैं। वे मनुष्य बड़े अभागे हैं जो इस परम दुर्लभ मानव देह को पाकर भी श्री विष्णु स्मरण सत्कर्म दान-पुण्य आदि नहीं करते और जो मनुष्य आत्मघात कर बैठता है उसे तो नरक की यातनाएं भोगनी ही होंगी।

इस सृष्टि में समस्त भूतों में चेतन प्राणी श्रेष्ठ है। चेतन प्राणियों में बुद्धिजीवी श्रेष्ठ है और बुद्धिजीवियों में मानव और मानवों में ब्राह्मण वर्ण सर्वोपरि है। ब्राह्मणों में विद्वान और विद्वानों में विवेकशील। विवेकशील में कर्म-परायण और कर्म-परायण में ब्रह्मवादी करने वाले श्रेष्ठ माने जाते हैं। इन श्रेष्ठों में यमराज सहज,स्वाभाविक, दर्शनीय और मनोरम रूप में प्रस्तुत होते हैं। लेकिन पापियों के लिए यम का रूप भयानक और विकराल होता .है। यमराज की बत्तीस भुजाएं होती हैं इनमें विद्युत के समान भयानक शोर करने वाले तीखे चमकीले अस्त्र होते हैं। यमराज की गर्जना कठोर और कंपाने वाली होती है। बारह कोस लंबा-चौड़ा शरीर होता है। आंखें लाल, नाक लंबी, दाढ़ी बाहर निकली हुई होती है। उनके प्रधानमंत्री चित्रगुप्त और अन्य दूत भी भयानक वेश में रहते हैं। नारदजी के यह पूछने पर कि प्रलय के पश्चात् भी पुण्य-पाप का योग चलता रहता है या समाप्त हो जाता है? मुनि सनक ने कहा-

हे नारद! कर्मों का नाश केवल भोगने से होता है; अत: यह अटल सिद्धांत है कि मनुष्य को अपने अच्छे-बुरे कर्म का फल भोगना पड़ता है। प्रलय के समय अथवा सृष्टि रचने के समय सभी प्राणियों का कर्म-बीज समाप्त नहीं होता बल्कि यह अव्यक्त और प्रसुप्त रहता है। इस समय ज्योतिरूप अक्षर और अनंत नारायण निर्गुण होते हुए भी गुणयुक्त दिखाई देते हैं। प्रलय के समय अपने शंकर रूप से सृष्टि का संहार करते हैं और प्रलय की समाप्ति के बाद कोह बहु स्याम के भाव से सृष्टि की रचना करते हैं। सृष्टि के जन्म के साथ ही कर्मबीज उद्भूत होकर जाग्रत हो उठते हैं। इस प्रकार पाप या पुण्य का योग कभी नष्ट न होकर अनन्त काल तक चलने वाला होता है।

कमा क बधन स बध प्राणा स्वग म अपन-अपन सत्कमा का पुण्य लाभ करत हुए अथवा नरक में किए गए पापों का दंड भुगतते हुए कर्मों का पूरा भुगतान कर चुकते हैं और उनके खाते में बकाया कुछ नहीं बचता। तभी वे जन्म भर नर्क बंधन से मुक्त होकर मोक्ष को प्राप्त करते हैं। यह मुक्ति ही मानव जीवन का चरम प्राप्य और एक मात्र पुरुषार्थ है।

जीवन को यह मानव योनि भी बड़े लंबे संघर्ष और कष्टों के पुल पार करने के बाद प्राप्त होती हैं। अपने कर्म शेष रहने पर जीव नरक के दुःख पूरे करने के बाद वनस्पति रूप में पृथ्वी पर पुनः पदार्पण करता है। यह अज्ञानग्रस्त योनि-फल रहित रहते हुए न फलना, न फूलना, असमय मुरझा जाना, वायु के थपड़े सहना, सर्दी-गर्मी-वर्षा रहते हुए बन्दरों द्वारा खाए जाने वाले कीड़ों द्वारा योनि में, जल कीचड़ में पड़े रहकर घृणित जीवन जीने के उपरांत पशुयोनि में उत्पन्न होकर, अपने से शक्तिशाली जन्तुओं से पीड़ित होते हुए व्यतीत होती है। इस तरह कभी अण्डज योनि में फिर पशुओं की योनि में-स्वामी के बंधन में बंधे रहते हुए बिता कर तब अन्त में जाकर बड़ी कठिनता से यह पुण्यकारी मनुष्य योनि मिलती है।

मनुष्य योनि में भी शेष कर्मों के प्रभाव से मनुष्य चर्मकार, स्वर्णकार, नाई, धोबी, चाकर, सेवक, लोहार, बुनकर, दर्जी तथा नीच कर्म करने वाले नौकर जैसे-परिवारों में जन्म लेकर दरिद्रता, विकलांगता, आदि भोग भोगते हुए ज्वर, ताप, सर्दी, शूल, व्याधि आदि सहते हुए कर्मफल पाते हैं।

मनुष्य योनि में जीव पुरुष द्वारा स्त्री की योनि में वीर्य स्खलित करने के फलस्वरूप जन्म पाता है। इसमें पांच दिन जन्तु वीर्य के साथ जरायु में प्रविष्टि होकर रक्त और वीर्य के कलिल रूप में रहता है। इसके बाद इसके बाहर एक झिल्ली बन जाती है। यह एक मांसपिंड हो जाता है। इस समय मांसपिंड में चेतनता नहीं रहती फिर भी वह मां के उदर में शारीरिक उष्मा के क्लेश से इधर-उधर फुदकता रहता है। दूसरे मास में यह पिंड आकार ग्रहण करने लगता है। तीसरे मास के पूर्ण होने पर उसमें हाथ- पैर आदि अंग बनने लगते

है। चौथे मास में अंगों की संधियां, पांचवें मास में नाखून आदि, और छठे मास में नखों की संधियां और सातवें मास में रोम उत्पन्न हो जाते हैं। आठवें मास में उसमें चैतन्य आ जाता है। इस समय नाभि से जुड़े हुए नाल के द्वारा अपना पोषण प्राप्त करता है। यह जरायु में बंधा अपने को रक्त, मांस, अस्थि, मज्जा से दूषित और अनवरत मल-मूत्र का छिड़काव सहते हुए अपने को दुख और संताप में अनुभव करता है। माता द्वारा भोजन के लिए ऊष्ण-शीत, खट्टे-मीठे, कड़वे-चरपरे पदार्थों के प्रभाव से पीड़ित होता हुआ नारकीय यातनाएं सहता है। मां के पेशाब से दग्ध दुखी जीवन अपनी इस दयनीय दशा पर रोता है। अपने उन कृत्यों के बारे में विचार करता है जिनके दुष्प्रभाव के कारण उसे जन्म-मरण के बंधन में पुन: फंसना पड़ा।

पर-स्त्री गमन, पर- द्रव्य हरण, धनासक्ति, संतान मोह, क्रोध, मद, मोह, अहंकार आदि ऐसे अनेक कर्मों पर पश्चाताप करता है और संकल्प करता है कि अब इस जन्म में श्री विष्णु का स्मरण करते हुए सत्कर्म प्रवृत्त होकर जीवन व्यतीत करेगा क्योंकि जीवन की यातनाएं असह्य होती हैं। इनमें उसका अंग-अंग दब जाता है। वह दर्द से कराह उठता है। यहां तक कि प्रसव वायु के दबाव से उत्पीड़ित अपनी मां को भी दुःखी करता है और बड़ी ही वेदनामय प्रक्रिया से गुजर कर योनि से बाहर आता है। वह इस समय लगभग संज्ञा-शून्य हो जाता है। लेकिन संसार में आकर वायु का स्पर्श पाकर उसे धीरे- धीरे चेतनता आने लगती है। उसकी पुरानी स्मृतियां खो जाती हैं यहाँ तक कि वह सारे कटु अनुभव दुःख पीड़ा पश्चात्ताप और मुक्ति के लिए किए गए संकल्प सब कुछ भूल कर फिर से माया मोह में चक्कर में फंस जाता है।

बचपन खेल-कूद में, यौवन विषय भोग धनार्जन और परिवार पोषण में, तथा बुढ़ापा इंद्रिय शैथिल्य और दुर्बलता और रोग संघात में बीतने लगता है। इस समय उसे जब मृत्यु सामने दिखलाई पड़ती है तब सद्गति, जीवन-मरण का चक्र, आत्मोद्धार याद आते हैं और अब उसे हरिस्मरण आता है। इस समय अपनी रोगी काया और असमर्थता के बावजूद सत्कर्मों की इच्छा से वह जीना चाहता है? जबकि उसके परिवार-जन उसकी रोगी काया

आर असमथता क कारण इसक मरन का प्रताक्षा करत ह। मृत्यु का प्राप्त जब उस यमदूत लेने आते हैं तो यह अविवेकी जीव अपने दुष्कर्मों के कारण यमराज के कठोर बंधन में बंधा हुआ दुर्गम मार्ग में यमपुरी पहुंचता है और कर्मफल के भोग का चक्र फिर शुरू हो जाता है। जिस तरह धातुओं को शुद्ध करने के लिए अग्नि में तपाया जाता है उसी प्रकार जीव भी शुद्ध-पवित्र होने के लिए तथा कर्मों के क्षय के लिए सांसारिक अग्नि में तपता है। मोक्ष के लिए उसे अपने कर्मों का हिसाब-किताब बराबर करना पड़ता है। इसके लिए ज्ञान, विवेक और उद्बोधन आवश्यक है जिनसे जीव वास्तविकता को जानकर हरि स्मरण करता है।

ज्ञान से मनुष्य इस शरीर को क्षणभंगुर, मलमूत्र का घर, तथा सुखों को मृगतृष्णा मानते हुए भौतिक उपलब्धियों को माया जाल मानकर, संसार से विरक्त होकर श्री नारायण में अनुरक्त होकर फिर से उद्धार के मार्ग पर बढ़ जाता है।

कर्म के प्रभाव से अथवा कर्मगति से निवृत्ति का क्या मार्ग हो सकता है- नारदजी के यह पूछने पर श्री सनक जी ने कहा-हे मुनि! यम यातना से मुक्ति और कर्मगति से निवृत्ति का एकमात्र उपाय एकनिष्ठ श्री नारायण विष्णु भगवान् हैं। योगशास्त्र में वर्णित रीति से उनकी उपासना किए जाने पर सब प्रकार की संगतियों का त्याग और शम-दमादि गुणों से युक्त होकर नारायण का ध्यान किए जाने पर वे भक्त को अक्षय पद प्रदान करते हैं। वस्तुत: तत्त्ववेत्ता पुरुष मोक्ष प्राप्ति का उपाय ज्ञान बताते हैं और यह ज्ञान भक्ति द्वारा प्राप्त होता है और भक्ति दान, यज्ञ, तीर्थ यात्रा आदि सत्कर्मों से पैदा होती है। भक्ति के प्रभाव से पाप समूल नष्ट हो जाते हैं। इससे बुद्धि निर्मल हो जाती है यह बुद्धि की निर्मलता ही ज्ञान है। योगी पुरुष इसके दो भेद करते हैं- ज्ञानयोग और कर्मयोग। पूर्ण परायणता के कारण कर्म योग प्रधान माना जाता है। योगी स्वभावत: अहिंसा प्रेमी, सत्य बोलने वाला, क्रोधजित, दानी, जितेंद्रिय, राग-द्वेष से मुक्त, और दयालु, परोपकारी तथा ईर्ष्या-डाह से विवर्जित होता है।

यह सिद्धांत रूप में मान लेना चाहिए कि विष्णु ही इस चराचर जगत के कारणभूत हैं। **'सर्वल्विदं ब्रह्म'** की भावना से यह संसार उन्हीं का लीला रूप है। मन वचन कर्म से

सब प्राणियों के हित में लगे हुए रहकर विष्णु का भजन करते हुए जीवन बिताना ही कर्मयोग कहलाता है। इसमें व्रत-उपवास, पुराण आदि धर्म ग्रंथों का सुनना-सुनाना, विष्णु का स्तवन, आराधन, कर्म योग के अंग हैं। नश्वर संसार से विरक्त कर्म योगी अनासक्त भाव से विचरण करता हुआ श्री नारायण का स्मरण करता है। सांसारिक पदार्थों को नाशवान और विष्णु को अविनाशी तथा क्षर- अक्षर जगत में और समस्त प्राणियों में उनकी विद्यमानता मानने का नाम ज्ञान योग है। इसको सिद्धांत और व्यवहार रूप में अपनाने का अर्थ है संसार में निवृत्ति और नारायण में प्रवृत्ति। यह निवृत्ति और प्रवृत्तिमूलक ज्ञान ही मोक्ष को देने वाला है। ज्ञान योगी को यह बात जान लेनी चाहिए कि आत्मा 'पर' और 'अपर' दो प्रकार की होती है। पर-आत्मा (परमात्मा) गुणतीत है और अपर-आत्मा (जीवात्मा) गुण (अहंकार) से युक्त है। दोनों एक ही तत्त्व होने से अभिन्न हैं और इस प्रकार के अभेद ज्ञान का ही नाम योग है। यह शरीर 'क्षेत्र' अर्थात् आश्रयी का आश्रय स्थल है और इसमें आश्रय लेने वाला क्षेत्रज्ञ कहलाता है। यही परब्रह्म है जो समस्त कारणों का मूल कारण, तेजों का परम तेज है। माया के आवरण से परे और अपर आत्मा में भेद बुद्धि उत्पन्न हो जाती है। माया न सद्रूपा है न असद्रूपा है, न सदसद्रुपा है। विद्वान लोग इसे अज्ञान कहते हैं इस भेद बुद्धि मूल अज्ञान के निवारण को ही माया पर विजय बताया जाता है। इस अज्ञान के निवारण का एक मात्र साधन योग है।

योग के आठ अंग होते हैं- यम, नियम, आसन, प्राणायाम, प्रत्याहार, धारणा, ध्यान तथा समाधि। इनका वर्ग विश्लेषण निम्नवत् है-

1. यम:

आत्म-नियत्रंण तथा इंद्रिय संयम का नाम ही यम है। इसमें निम्न तत्त्व आते हैं-

(क) अहिंसा - किसी जीव को किसी भी प्रकार का कष्ट न पहुंचाना।

(ख) सत्य - धर्म- अधर्म का विचार करते हुए यथार्थ कहना।

(ग) **अस्तय** - दूसरा क पदाथ क हरण का नाम स्तय ह। इसक ।वपरात आचरण अस्तय है।

(घ) **ब्रह्मचर्य** - आठों प्रकार के चर्चा दर्शन श्रवण चिन्तन एवं एकान्त मिलन आदि मैथुनों का परित्याग।

(ण) **अपरिग्रह** - किसी भी परिस्थिति में किसी वस्तु को हस्तगत करने की चेष्टा न करना।

(च) **अक्रोध** - अपने उत्कर्ष के लिए निष्ठुर भाषण का नाम क्रोध है। इसका परिहार अक्रोध है।

(छ) **असूया** - दूसरों के ऐश्वर्य को देखकर मन में जलने कुढ़ने की अपेक्षा प्रसन्नता अनुभव करना।

2. नियम :

शास्त्र के विधि-विधान के अनुसार जीवन यापन का नाम ही नियम है- इसके अंतर्गत निम्न 3 योग हैं -

(क) **तपश्चर्या** - शरीर के मलों का शोषण करने के लिए चांद्रायण आदि मह-व्रतों का अनुष्ठान।

(ख) **स्वाध्याय** - प्रणव (ओंकार) तथा द्वादशाक्षर (ओ३म् नमो भगवते वासुदेवाय) अथवा अष्टाक्षर (ओ३म् नमो नारायणाय) का जाप और धर्मग्रंथों आदि का अध्ययन।

(ग) **संतोष** - सत् साधन के किए जाने वाले उचित उद्योग के फलस्वरूप प्रारब्ध से यत्किंचित् प्राप्त से मन संतुष्ट रखना।

(घ) **शौर्य** - मृत्तिका, जलादि से शरीर शुद्ध करना (बाह्य शुद्धि) तथा दुर्बलताओं पर विजय प्राप्त करके भाव शुद्धि रखना (आन्तरिक शुद्धि)।

3 आसन :

एक निश्चित स्थान पर विधि से निश्चित समय के लिए ध्यान मुद्रा में बैठना। योग के लिए प्रमुख आसन निम्न हैं-

1. पद्म, 2. स्वस्तिक 3. पीठ, 4. सिंह, 5. कुक्कुट, 6. कुंजर, 7. कूर्म, 8. वज्र, 9. वराह, 10. मृग. 11. चैलिक, 12. क्रौंच, 13. नाभिक, 14. वृषभ, 15. नाग, 16. मत्स्य 17. सर्वतोभद्र, 18. व्याघ्र, 19. अर्धचन्द्र, 20. दण्डवत्, 21. शैल, 22. स्वभु, 23. मुद्गल, 24. मकर, 25 त्रय-पथ, काष्ठ, 27. वैकरिणक, 28. स्थाणु, 29. भीम, 30. वीर।

4. प्राणायाम :

कोलाहल एवं शोर से दूर बिल्कुल निर्जन एवं एकान्त स्थान में किसी आसन पर बैठकर प्राण वायु पर नियंत्रण करना-शरीर में प्रविष्टि वायु का निग्रह करना (प्राणों का आयाम) प्राणायाम कहलाता है।

इसके दो भेद हैं-

अगर्भ - प्राण वायु का बिना ध्यान जाप किए ही निरोध करना।

सगर्भ - प्राणों का आयाम करके ध्यान जाप करना। इसके चार प्रकार हैं-

1. **रेचक -** शरीर के दक्षिण भाग में स्थित नाड़ी पिंगला, वाम भाग में स्थित नाड़ी इड़ा तथा दोनों-पिंगला एवं इड़ा के मध्य भाग में स्थित नाड़ी सुषुम्ना कहलाती है। पिंगला में प्राण वायु को रोककर इड़ा से निकालने का नाम रेचक है।
2. **पूरक -** इड़ा के वायु को खींचकर पिंगला में भर लेने और रोक लेने का नाम पूरक है।
3. **कुम्भक -** भरी वायु को वश में करके रोक रखने का नाम कुम्भक है।
4. **शून्यक -** बाहर की वायु का ग्रहण न करने को भीतर की वायु को रोके रखने को शून्यक कहते हैं।

5. प्रत्याहार :

नाना विषयों में रत इंद्रियों को परङमुख करके मन को ब्रह्म में स्थित रखना-प्रत्याहार कहलाता है।

6. धारणा:

विषयों से इंद्रियों के प्रत्याहार किए जाने पर उन्हें दृढ़तापूर्वक इस स्थिति में बनाए रखने का नाम धारणा है।

7. ध्यान :

इंद्रियों के प्रत्याहृत और वृतियों के अन्तर्मुखी हो जाने पर अच्छत भगवान् श्री नारायण के दिव्य स्वरूप का स्थिर एकाग्र तथा सतत् भाव से चिंतन ध्यान कहलाता है।

8. समाधि :

वायु रहित स्थान में दीपक की लौ के समान ध्येय स्वरूप निर्विकल्प भाव से चित्त को इस प्रकार स्थिर करना कि जिससे ध्याता, ध्येय और ध्यान तीनों एक रूप हो जाएं और कुछ भी अन्यानुसंधान न रहे। सुषुप्ति के समान इंद्रियों की उपरति और परमानन्द की प्राप्ति की स्थिति समाधि है-

हे नारद! इस अष्टांग योग को अपनाने वाला व्यक्ति ही सिद्ध पुरुष बन जाता है और वह श्री विष्णु के भव्य-दर्शनीय रूप का ध्यान करने से तथा नाम गुणवाची मंत्र-प्रणव (ॐ में अ ब्रह्मा का, उ विष्णु का, भू शिव का प्रतीक -है) का निष्ठापूर्वक जाप करने से योग सिद्धि को सुलभ कर लेता है।

योग-साधना का विस्तृत परिचय देने के बाद सनक मुनि ने विष्णु को प्रसन्न करने की विधि का परिचय देते हुए कहा-मोक्ष के इच्छुक भक्त को चाहिए कि वह श्री नारायण का भजन-पूजन अनन्य भाव से करें। उनके सच्चे भक्त को कोई शत्रु दुष्ट ग्रह या राक्षस किसी

का भी भय नहीं होता। उसके लिए सभी श्रेय उपलब्ध होते हैं और सभी उसके मित्र होते हैं। शरीर की सभी इंद्रियों की सार्थकता श्री विष्णु के पारायण में ही है। मंदिर में जाने वाले पैर, अर्चना करने वाले, हाथ दर्शन करने वाले नेत्र, हरिनाम सुनने वाले कान और उच्चारण करने वाली जीभ - श्री नारायण के समर्पण में लगाने से ही इनका होना सार्थक होता है। सांसारिक मोह बंधन का टूटना भगवत् कृपा से ही संभव है। यह चराचर जगत नश्वर मानकर और इसके कारणभूत श्री विष्णु को मानकर उन्हीं की उपासना, नाम स्मरण, पुराण कथा श्रवण, उनका गुणगान और संकीर्तन में मन रमाने वाले से प्रभु बहुत जल्दी प्रसन्न हो जाते हैं। भक्त को चाहिए कि वह इस शरीर को मिट्टी के घड़े के समान, प्रात:काल के तारे के समान, सूर्य की प्रभा के सामने विलुप्त होने वाला समझते हुए अनासक्त भाव से हरि भजन में लीन रहते हुए जीवन को सार्थक करना चाहिए।

अनेक योनियों में भटकने के बाद प्राप्त यह दुर्लभ मानव शरीर पूर्व जन्म के संचित पुण्यों का फल होता है जिसे व्यर्थ ही भोग-विलास में, राग-द्वेष में, लोभ-मोह में गंवाकर आत्म- कल्याण के सुनहरे अवसर को खोना आत्महत्या के समान हो जाता है। जबकि व्यक्ति को चाहिए कि वह अपने कर्मों के खाते में कुछ भी शेष न छोड़ते हुए देव-आराधना में लगा हुआ दान में प्रवृत्त और समस्त भोगों में निवृत्त होकर श्री हरि के चरणों में जीवन समर्पित कर दे।

इस प्रकार नारदजी से सनक मुनि ने कहा-मनुष्य के जन्म धारण करने का कारण मृत्यु है और यह जन्म ही मृत्यु का साधक है, क्योंकि जो जन्मा है; उसकी मृत्यु अवश्यंभावी है, और, जो मर गया है- कर्मों का फल भोगने के लिए उसका जन्म निश्चित है। यह आवागमन शेष कर्मों का फल हो जाता है और इस बंधन से मुक्ति श्री नारायण के परम पावन नाम से ही संभव है। यह सिद्धांत रूप में स्वीकार कर लेना चाहिए कि धर्म साधन करने वाला जीव यम के पाश में नहीं बंधता। उसे श्री नारायण विष्णु-धाम प्रदान करते हैं। यह सारभूत बात है कि ईर्ष्या-द्वेष, झूठ और क्रोध आदि बुराइयों का त्याग करके विष्णु भजन करते हुए जो जीव जीवन पर्यंत वासुदेव जनार्दन का नाम स्मरण करता है वह

सांसारिक दुःखों और क्लेशों से मुक्तकाम होकर मोक्ष को प्राप्त करता है। इसलिए मोक्ष के अधिकारी जीव को अपने पूरे जीवन में सतधर्म का पालन करते हुए वृद्धावस्था में (वानप्रस्थ और संन्यास) ईश्वर आराधना में विचरण करते हुए प्राण त्याग देने से मुक्ति प्राप्त करता है व मुक्तकाम होकर सदा के लिए मोक्ष का अधिकारी हो जाता है। श्री नारायण श्रद्धालु की भक्ति देखते हैं धन संपत्ति या वैभव नहीं क्योंकि वे तो स्वयं लक्ष्मी पति हैं। इसलिए संसार के सुख-वैभव और परलोक के कल्याण के इच्छुक जीव को उन्हीं का भजन-पूजन करना चाहिए।

इस प्रकार सनक मुनि ने कहा- हे नारद! ये सारी सृष्टि दैवी और आसुरी दो प्रकार की है। एक तरफ वे भक्त हैं समर्पित व्यक्ति हैं, तपस्वी और साधुजन हैं, जो दान-पुण्य ब्राह्मणों-अतिथियों का आदर-सत्कार श्रद्धापूर्वक श्री नारायण में आसक्ति और उन्हीं के नाम-स्मरण में जीवन की गति मानने वाले हैं। ये दैवी सृष्टि के जीव कहलाते हैं। दूसरी और सांसारिक सुख-वैभव में लिप्त उपलब्धियों और सुविधाओं को जीवन का सब कुछ मानते हैं। अपनी शक्ति के अहंकार में अपने से कमजोर का शोषण करते हैं। आसुरी सृष्टि के प्राणी कहलाते हैं यही दुख-दरिद्र और विपत्ति का कारण बनती है। जीव को अपने कल्याण के लिए दैवी प्रवृत्ति अपनानी चाहिए।

इस संदर्भ में एक आख्यान सुनाते हुए मुनि ने कहा-रैवत मन्वंतर में वेदमाली नाम का एक ब्राह्मण बड़ा ही विद्वान्, दयालु, सदाचारी, विष्णु भक्त और धर्मानुरागी था। एक बार वह अपने परिवार के लिए धन-संग्रह के लोभ में पड़ गया। वह गौ का दूध बेचने चांडालों से भी व्यवहार करने और दान लेने में अपात्र से भी दान लेने और धन के लिए ही तीर्थाटन करने में व्यस्त हो गया। धन के लिए उसकी लालसा इतनी बढ़ गई कि वह जप-तप और तीर्थाटन दूसरों के लिए ही करने लगा अर्थात् वह पुण्यकर्म भी बेचने लगा। उसके जीवन का उद्देश्य पैसा कमाना ही हो गया। इसी बीच वेदमाली के यहां दो जुड़वा बच्चे उत्पन्न हो गए। उसने इनका नाम यज्ञमाली और सुमाली रखा।

वह अपने पुत्रों का बड़े ही वत्सल भाव से लालन-पालन करने लगा। उसने इस बीच करोड़ों रुपये एकत्रित कर लिए थे। इतनी बड़ी राशि को देखकर उसका मन असत् कार्यों से कमाए गए इस पैसे के कारण ग्लानि से भर गया। वह अपने इस कृत्य पर पश्चाताप करने लगा कि जब मेरी आवश्यकताएं सीमित हैं तो यह तृष्णा किसलिए? उसे आश्चर्य हुआ कि उम्र के ढलान पर शरीर के बूढ़े और कृश और जाने पर भी तृष्णा कैसी जवान रहती है। उसने अपने इंद्रियशैथिल्य और वार्द्धक्य के कारण बल में कमी आने पर भी अपनी मोहांधता और मदोन्मत्तता में धन संचय की प्रवृत्ति के विरोध में अपने सारे धन का विभाजन कर दिया। आधा धन दोनों पुत्रों में समान रूप में बांट दिया और आधा धन अपने पास रख लिया। इसमें उसने सरोवर, उद्यान और मंदिर बनवाएं। गंगा नदी के किनारे बहुत सारे अन्नक्षेत्र खोल दिए। इस प्रकार अपने धन को लोकोपकारी सत्कार्यों में लगाकर वह श्रीनारायण आश्रम की ओर चला गया।

तपोवन में तेजोमय महामुनि जानन्ति के दर्शन करके उनसे नत-मस्तक होकर ज्ञान के उपदेश का निवेदन किया। मुनि ने उसे आत्मकल्याण के लिए एकमात्र उपाय श्री विष्णु की ध्यान-उपासना स्मरण और नाम संकीर्तन को बताते हुए सांसारिकता से विरत होते हुए, कुसंग का त्याग करते हुए, सत्पुरुषों की सेवा दुष्टों का मार्गदर्शन और शास्त्रोक्त आचरण करने का उपदेश दिया। इसके लिए विधि-विधानपूर्वक तर्पण, यज्ञादि का अनुष्ठान, देवालयों का निर्माण, उनकी स्वच्छता की व्यवस्था और वेद-पुराण आदि के अध्ययन को साधन रूप में बताते हुए उसे दीक्षित किया। लेकिन अस्थिर चित्तवृत्ति के कारण वह कुछ भी निश्चय न कर सका। इसलिए तत्त्वबोध के लिए उसने ऋषि से जानना चाहा कि मैं कौन हूं, मेरा जन्म कैसे हुआ और मेरा कर्त्तव्य क्या है?

इस पर मुनिराज ने कहा-हे द्विजश्रेष्ठ! यह निश्चित है कि दुविधा में मन जीव को शांत नहीं रहने देता और बिना उपरति के शांति की प्राप्ति नहीं हो पाती। अपने, मैं तथा मेरा शब्दों का प्रयोग अहं अथवा ममत्व को प्रकट करता है जो कि मन का धर्म है, जीव का

नहीं। जीवात्मा तो उपाधि या जाति भेद से शून्य तथा मुक्त है। उस अनुपम, निगुण, अरूप, अप्रमेय आत्मा को किस नाम से पुकार सकते हो?

वास्तव में अजर-अमर आत्मा जन्म-मृत्यु से मुक्त है। शुद्ध- बुद्ध और निर्विकार है। 'यह तत्त्व है' यह ज्ञान ही मोक्ष-प्राप्ति का निश्चित साधन है और यह अनुभूति होने पर "मैं-तू" का भेद ही समाप्त हो जाता है। जीव शरीर से भिन्न आत्मा को जानकर आनन्दमय हो जाता है। मुनि जानति से यह उपदेश सुनकर वेदमाली का सारा अज्ञान और संशय दूर हो गया। महर्षि को चरणाभिनन्दन करता हुआ वह ब्राह्मण तपस्या में लीन हो जाने के लिए निर्जन एकांत में चला गया। तपस्यारत रहते हुए ही उसके प्राण छूट गए। इस प्रकार विष्णुधाम में पहुंचकर सायुज्य मुक्ति के दैवीय आनन्द का अधिकारी हुआ।

वेदमाली का छोटा पुत्र सुमाली पिता द्वारा प्रदत्त धन की चकाचौंध सहन न कर सका और लोभ व कुसंगति में पड़ गया और दुर्व्यसनी हो गया। मदिरापान, नृत्य-गान तथा वेश्यागमन में रुचि लेने लगा। जुआ खेलने लगा। बुरी आदतों में तो राजा कुबेर का खजाना भी खाली हो जाता है तो सुमाली के पास तो सीमित धन था। वह थोड़े समय में ही समाप्त हो गया। धन के अभाव में वह चोरी डकैती में लग गया दूसरों का धन हरण करने लगा। अपने छोटे भाई का इस प्रकार पतन देखकर यज्ञमाली बहुत दुःखी हुआ। उसने भाई को समझाने व लोक-परलोक का डर दिखाकर सही राह पर लाने का बहुत प्रयास किया लेकिन वह दुर्बुद्धि भाई को ही मारने को उद्यत हो गया। यह दृश्य देखकर नगरवासी सुमाली की उद्दंडता सहन न कर सकें। सुमाली को बुरी तरह पीटा। यज्ञमाली ने भाई की इस दुर्दशा को देखकर करुणार्द्र होकर नागरिकों से उसे बचा लिया। उदार यज्ञमाली ने अपनी संपत्ति का आधा भाग भी सुमाली को दे दिया ताकि वह अब भी सही मार्ग पर चलता हुआ अपना जीवन सुधार ले लेकिन वह दुष्ट तो वज्र मूर्ख था। सुमाली के भाई से प्राप्त कुछ धन को भी शीघ्र ही भोगविलास में नष्ट कर दिया। इस प्रकार उस दुर्बुद्धि का सभी ने परित्याग कर दिया।

यज्ञमाली धर्मपरायण था। उसने अपने धन को काम- क्रोध- अहंकार से मुक्त धर्माचरण में, उपवनों, सरोवरों, मंदिरों के निर्माण में लगाते हुए पिता के बनाए संस्थानों में

रखरखाव म प्रयाग किया। समय बातन पर दाना हा भाइ वृद्धावस्था म मृत्यु का प्राप्त हुए। यज्ञमाली को विष्णु के दूत बड़े सम्मान के साथ विष्णु धाम ले गए जबकि सुमाली नारकीय यातनाएं झेलता हुआ मार्ग की वेदना-पीड़ा दुस: कष्ट सहता हुआ यमपुरी भिजवाया गया। मार्ग में यज्ञमाली को उस जीव की दीनहीन दशा पर दया आई और वह करुणार्द्र हो उठा। पूछने पर उसे ज्ञात हुआ कि वह छोटा भाई सुमाली है। यह पूछने पर क्या उसे इन दुष्कर्मों का कोई प्रायश्चित्त नहीं है तो विष्णु दूतों ने यज्ञमाली के पूर्व जन्म की कथा इस प्रकार कह सुनाई- हे महाभाग! पिछले जन्म में आप विश्वम्भर नामक वैद्य थे। उस जन्म में आपने अनेक पाप कर्म किए थे। पतित होकर आप इतने गिर गए कि माता-पिता से ही दुर्व्यवहार करने लगे। इस पर आपका सभी ने परिवार से पूरण परित्याग कर दिया। वन-वन भटकते हुए संयोगवश विष्णु के एक प्राचीन मंदिर में पहुँच गए। वहाँ वर्षा के कारण काफी कीचड़-सी हो गई थी। आपने परिश्रम से उस कीचड़ को हटाकर मंदिर को साफ-स्वच्छ किया। उखड़ी हुई जीर्ण-शीर्ण दीवारों की लिपाई-पुताई करके उन्हें ठीक-ठाक किया। वह रात आपने उसी मंदिर में बिताई। वहां एक सांप ने आपको डस लिया और आपके प्राण निकल गए। उस मंदिर की एक दिन की आपकी सेवा के प्रसाद स्वरूप ही आपने वेदमाली नाम के ब्राह्मण के घर पुत्र रूप में जन्म मिला। साथ में श्री विष्णु की भक्ति भी प्राप्त हुई। यदि आप अपने भाई का वास्तव में उद्धार चाहते हैं तो अपने भाग के विष्णु मंदिर की भूमि के एक गज माप का लेपन-पोतन का पुण्य फल दे दीजिए। यज्ञमाली ने ऐसा ही किया। सुमाली निष्पाप और विशुद्ध हो गया।

श्री विष्णु की कृपा से सुमाली के निष्पाप हो जाने से यमदूतों ने सुमाली को बंधन मुक्त कर दिया। इस प्रकार सुमाली भी यज्ञमाली के साथ विष्णु दूतों के विमान पर चढ़कर विष्णुधाम पहुँच गया। भाई के द्वारा भाई का भी उद्धार हो गया। यज्ञमाली तोह निस्पृह होने के कारण सदा के लिए आवागमन के बंधन से मुक्त हो गया लेकिन सुमाली को कुछ काल का विष्णु धाम का दिव्य सुख प्राप्त कर लेने के बाद पुनः पृथ्वी पर ब्राह्मण कुल में जन्म लेना पड़ा। इस जन्म में पुण्य लाभ करता हुआ अंत में वह भी पुण्य परमपद को प्राप्त हुआ।

ह मुनिप्रवर! दव मादर के लपन-पातन का इतना आधिक महत्त्व ह इसम कता हा नहा उसके अनुज का भी उद्धार हो गया। अतः जीव को भगवान् जगदीश्वर देवाधिदेव विष्णु की सेवा पूजा आराधना अवश्य करनी चाहिए। सकाम भाव की पूजा से मनुष्य की मनोकामनाएं पूर्ण होती है लेकिन निष्काम भाव से की गयी सेवा पूजा से भक्त भव बंधन से ही मुक्त हो जाता है। संसार में ऐसा कोई पाप नहीं जिसका प्रायश्चित-या निराकरण हरि भक्त से न हो सके।

एक अन्य आख्यान सुनाते हुए समन मुनि ने कहा- सत्ययुग में गुलिक नाम का एक बहेलिया था जिसका जीवन का लक्ष्य ही राहगीरों को लूटना, औरतों की इज़्ज़त से खेलना था। वह बड़ा ही दुष्ट और उपद्रवी स्वभाव का था। उसने अपने जीवन में न जाने कितनी ही गायों तथा ब्राह्मणों की हत्या करके पाप कमा लिया था। उस काल के लोग उसे साक्षात पृथ्वी का यमराज कहने लगे थे।

एक बार वह सौवीरराज के नगर में पहुँच गया। यह नगर बड़ा ही रम्म सुन्दर, धनवैभव संपन्न, समृद्ध और स्वर्ग की तरह शोभायमान था। वहीँ उस नगर में एक सुन्दर विष्णु मंदिर था जिसके शिखरों पर सोने के कलश विघमान थे। बहेलिया उस सोने के कलशों को देखकर लालायित हो उठा। वह मंदिर में उस राशि को हस्तगत करने के लिए निमित्त प्रविष्ट हो गया।

मंदिर में एक ब्राह्मण पूजा पाठ कर रहा था। वह बड़ा ही तत्व ज्ञानी, शांत, संयमी और तप की साक्षात मूर्ति था। बहेलिए ने उस ब्राहमण को अपने उद्देश्य से बाधक जानते हुए उसकी हत्या करने का निश्चय किया। जैसे ही वह अपने दुष्कृत्य में उद्दत हुआ-निर्भीक ब्राह्मण ने उससे कहा-प्रभु! मैंने आपका अभी कोई अहित नहीं किया फिर मुझे किस अपराध का दंड दे रहे हैं। आप तो समर्थ जान पड़ते हैं और समर्थ पुरुष कभी किसी को नहीं सताते बल्कि वे तो आततायियों से रक्षा करते हैं। दूसरों की संपत्ति चुराकर अ

पने परिवार का भरण-पोषण तो बड़ा अनुचित कर्म है क्योंकि जीव अंत में सब कुछ यहीं छोड़ जाता है। अंत में मनुष्य के सत्कर्म ही उसके साथ जाते हैं पाप में रत प्राणी को

ता कभा मुक्त हा नहा हाता। व कभा सताष, सुख, आनद अथवा शाात नहा पात। सदा अभावग्रस्त तथा दुखी, पीड़ित ही रहते हैं। मनुष्य को यह जान चाहिए। उसे उतना ही धन प्राप्त होगा जितना उसके भाग्य में लिखा होगा। यह ठीक है व्यक्ति अपने साधनों से अधिक की कामना से अधिक की चेष्टा करता है। किन्तु इसके लिए विवेकशून्य हो जाना कहाँ की बुद्धिमत्ता है? भाग्य पर किसी का भी अधिकार नहीं। यही कारण है भाग्य पर विश्वास न करके मनुष्य सदैव मोह माया के कष्ट में भटकता रहता है।

तपो मुनि के मुख से निर्भीक स्वर में इस प्रकार सारगर्भित बातें सुनकर वह बहेलिया अचंभित रह गया। वह सोचने लगा मृत्यु को सामने देखकर भी यह बिलकुल विचलित नहीं हुआ और कितना ज्ञान पूर्ण उपदेश दे डाला। इस पर वह इतना अधिक प्रभावित हुआ की क्षमा-याचना करता हुआ पैरों में गिर पड़ा और निवेदन करने लगा-हे प्रभु! मैं अधम अब तक संभव सभी दुष्कर्म, जघन्य अपराध कर चुका हूँ। मेरा तो उद्धार भी असंभव है। लेकिन मैंने कहीं सुना है की साधु पुरुषों के दर्शन पापियों के सभी पापों को दावानल के समान जलाकर राख कर देते हैं। मुझे लगता है आपके दर्शनों से मेरे भी सभी पाप दूर हो गए। हे प्रभु! मैं आपकी शरण में आ गया हूँ। मेरा अनुरोध है, मुझे मेरे पापों के प्रायश्चित का उपाय बताए। मैं अपनी थोड़ी-सी आयु में पाप-मुक्त कैसे हो पाऊंगा।

वह बहेलिया अपनी ग्लानि से इतना अधिक विचलित हो गया कि उसके वहीं प्राण छूट गए। उसे निष्प्राण देखकर मुनि दया से भर गए। मुनि ने उसी समय भगवान विष्णु का चरणामृत उसके शरीर पर छिड़क दिया। उस चरण जल से वह बहेलिया निष्पाप हो गया तथा सीधे विष्णु धाम का वासी हुआ। श्री नारायण के चरणामृत की महिमा भी अपरंपार है। यदि कोई भक्त प्रतिदिन श्री विष्णु के चरणामृत का दान करता है तो उसे कभी यम-यातना नहीं सहन करनी पड़ती है।

भक्ति से मुक्ति के सुलभ होने का आख्यान सुनाते हुए मुनि सनक ने कहा-हे नारद! बहुत पुरानी बात है। चन्द्र वंश में जयध्वज नाम का राजा हुआ करता था। वह बड़ा ही विष्णु भक्त और यशस्वी था। विष्णु मंदिर को स्वच्छ पवित्र रखता हुआ सदैव वहां दीपक

स प्रकाश करता था। सभा व्याक्तया स प्रम तथा सहानुभूत का व्यवहार करता था। एक बार राजा जयध्वज ने एक विशाल विष्णु मंदिर का निर्माण कराया। सुंदर सुगंध वाले पुष्पों की वाटिका बनवाई। राजा श्री विष्णु के प्रति इतना श्रद्धालु सच्चा अनुरागी था कि वह मंदिर में स्वयं ही सफाई करते हुए झाड़ू तक लगता था। लिपाई-पुताई भी स्वयं करता था। नित्य ही विष्णु मूर्ति के समक्ष बैठकर पूजा आराधना एवं उपासना आदि करता था।

राजा जयध्वज ने उसके पुरोहित वीतिहोत्र से उनसे स्वयं मंदिर में झाड़ू लगाने और इस प्रकार विष्णु में अनुरक्ति देखकर उनसे इस पुण्य के फल के बारे में पूछा तो राजा ने पूर्व जन्म का संस्मरण सुनाते हुए कहा कि स्वारोचिष मन्वंतर में सत्ययुग में रैवत नाम का एक वेद ज्ञानी ब्राह्मण था। यह अपने ज्ञान के अहंकार तथा धन लोभ में फंस गया और अपात्रों के लिए भी यज्ञ-यज्ञादि के कार्य सम्पन्न कराने लगा। वह दुर्व्यसनी भी हो गया। दूसरों की चुगली खाने की आदत भी उसमें आ गई। वह शास्त्र में निषिद्ध गोरस आदि पदार्थ भी बेचता था। ब्राह्मण के इस प्रकार अकरणीय कृत्य से क्षुब्ध परिवार जनों ने अनष्टि के ख्याल से उसको घर से निकाल दिया।

राजा जयध्वज ने कहा-गुरुदेव! यह लक्ष्मी तो बिजली की चमक के समान अस्थायी है, आज है कल नहीं। अत : दुर्व्यसनों में फंसा रैव कुछ ही समय में धनहीन हो गया। अपना पेट पालने के लिए उसे नीच कर्म-चोरी अपहरण डाका आदि का सहारा लेना पड़ा इस प्रकार आजीविका के लिए इधर-उधर भटकते रहने से उसे दमा हो गया। इसी रोग से ग्रस्त एक दिन उसके प्राण निकल गए। ब्राह्मण रैवत की मृत्यु के बाद उसकी पत्नी बंधुमती कुमार्गी हो गई वह अपनी काम वासना की शांति के लिए किसी से भी रमण करा लेती थी। इस दुष्ट एवं अनैतिक कर्म के कारण उसको भी परिवार जनों ने त्याग दिया। इसी कर्म में इंदुमती के गर्भ से दंडकेतु नाम का पुत्र उत्पन्न हुआ। यह चांडाल बालक मैं ही था। मैंने उस योनि में घोर ब्राह्मण, द्वेषी, कुकर्म एवं अनाचार किए। दूसरी स्त्रियों के साथ भोग, दूसरों का धन हरण करना, जीव हिंसा तथा जुआ खेलना और मदिरापान रोज के कर्म हो गए।

एक बार सुन्दर स्त्री के साथ रमण करने की इच्छा से एक निर्जन एकांत में श्री विष्णु के मंदिर में मैने प्रवेश किया। वहां संभोग के लिए मैंने भूमि को साफ-स्वच्छ किया, मंदिर की सफाई की। उस मंदिर को साफ करने के कर्म से ही मेरे सभी पाप विनष्ट हो गए। उस रात मैने उस स्त्री के विषय भोग का सुख प्राप्त करने के निमित्त ही दीपक भी जलाया। प्रकाश हो जाने से मंदिर के पहरेदारों ने मुझे मंदिर में रतिभोग जैसे दुष्कर्म करते हुए देख लिया। मुझे अत्यंत नीच पुरुष कहते हुए उन्होंने बांध दिया। हमें दोनों को ही इतना अधिक पीटा गया कि वहीं हमारा देहांत हो गया। हमारी आत्माओं को लेने जब विष्णु दूत आए तो उन्होंने सम्मानपूर्वक हमारा अभिवादन किया और हमें अपने दिव्य विमान पर आरूढ़ कराके विष्णु धाम में ले गए। इस तरह विष्णु धाम में अनेक वर्षों तक दिव्य सुख प्राप्त करते हुए अंत में यदुवंश में मेरा जन्म हुआ। उसका ही पुण्य फल है कि मुझे राज्य और विपुल धन सम्पत्ति भी प्राप्त हुई।

हे गुरुवर! जब केवल मंदिर की सफाई-लिपाई-पुताई का यह परिणाम रहा कि घोर महापापी मेरा उद्धार हो गया; तो यदि विष्णु की आराधना श्रद्धापूर्वक विधि विधान से की जाए तो फिर मुक्ति कैसे असंभव होगी। भगवान् केवल भक्त के भाव के भूखे हैं। यह दुर्लभ मनुष्य शरीर हरिभजन, सत्संग, गौ, ब्राह्मण तथा सज्जनों की सेवा में लगाना चाहिए। जो ऐसा नहीं करता वह इतने कठिन श्रम से पाए इस दुर्लभ शरीर के पुरुषार्थ को विनष्ट ही करता है। अत: हे विप्रवर! भगवत् नारायण में अनुरक्ति ही मुक्ति का एक मात्र उपाय है। इससे मनुष्य आप्त काम हो जाता है। निष्काम भाव से अथवा सकाम भाव से की गई भक्ति से ही प्रभु उन्हें अपना पद प्रदान करते हैं यही मुक्ति-युक्ति की कुंजी है।

राजा जयध्वज से इस प्रकार विष्णु माहात्म्य सुनकर पुरोहित वीतिहोत्र भी विष्णु परायण हो गया। सत्य निष्ठा से भक्ति करते हुए अंत में वीतिहोत्र ने भी सद्गति प्राप्त की-

इसी संदर्भ में सुधर्मा का वृत्त सुनाते हुए महर्षि सनकाचार्य ने कहा-एक बार देवराज इंद्र भरी सभा में देवगणों और अप्सराओं के बीच में विराजमान थे। सभा में देवगुरु

वृहस्पात स उन्हान ब्रह्मा जा क कल्प का सृष्ट आर उस कल्प क इद्राद दवा क नाम का विवरण जानना चाहा। बृहस्पति ने उन्हें बताते हुए कहा-देवराज! तो मुझे इस बारे में कोई जानकारी नहीं है यह इलम मेरी सीमा से परे का है। हां सुधर्मा नामक एक ब्राह्मण अभी-अभी ब्रह्म लोक से आया है जो अभी स्वर्ग लोक में ही वास कर रहा है। हो सकता है वह आपकी शंका का समाधान कर सके।

गुरु बृहस्पति से यह सुनकर देवराज इंद्र अपने सभी देवों एवं गुरु बृहस्पति के साथ सुधर्मा के आश्रम की ओर चल दिए। आश्रम के बाहर इस प्रकार से देवताओं सहित देवराज इंद्र को पधारा जानकर सुधर्मा ने उनका स्वागत और आतिथ्य सत्कार किया। देवराज इंद्र उसके यश-वैभव और समृद्धि को देखकर चकित हो गए और उससे ईर्ष्या करने लगे। इंद्र ने सुधर्मा से अपने आने का प्रयोजन बताते हुए यह जिज्ञासा प्रगट की कि ब्रह्मा जी के कल्प की सृष्टि का स्वरूप क्या है? और इस कल्प के इंद्रादि देवताओं के नाम क्या हैं? और आपके इस सब ज्ञान का रहस्य क्या है? इंद्र ने इस प्रकार उनकी जिज्ञासा जानकर सुधर्मा ने कहा- चतुर्युगों – सत्ययुग, त्रेता, द्वापर और कलियुग की अवधि के एक हजार बार चक्र के पूरा होने के बराबर ब्रह्माजी का एक दिन होता है। ब्रह्माजी के एक दिन में चौदह मनु होते हैं। इन चौदह मनुओं में चौदह इंद्र और चौदह ही प्रकार के भिन्न-भिन्न देवता होते हैं। जिनकी विस्तृत तालिका इस प्रकार है-

मनु, मन्वंतर, इद्र तथा देवताओं की तालिका -

क्रम संख्या	मनु तथा मन्वंतर	इंद्र	देवता
1	स्वायंभुव	शचीपति	याम
2	स्वारोचिप	विपश्चित	पारावत और तुषित
3	उत्तम	सुशांति	सुधामा, सत्य शिव और प्रतदन
4	तामस	शिव	सुत, पाराहर, सुत्य, अशुक्षा
5	रैवत	विभु	अनिताभ
6	चाक्षुष	मनोजव	आर्य
7	वैवस्वत	पुरन्दर	आदित्य, वसु, रुद्र
8	सूर्य सावर्णि	बलि	अप्रमेय, सुतपा
9	दक्ष सावर्णि	अद्भुत	पर, आदि
10	ब्रह्म सावर्णि	शांति	सुवासन आदि
11	धर्म सावर्णि	वृष	विहंगम प्रभृति
12	रुद्र सावर्णि	ऋभु	हरिनाम
13	रोचमान	दिवस्पति	सुत्राम आदि
14	भोत्य	शुचि	चाक्षुष आदि

हे देवराज! ये चौदह मन्वंतर ब्रह्माजी के एक ही दिन में हुआ करते हैं। इनमें एक ही प्रकार की सृष्टि होती है। लेकिन इनके सृष्टिकर्त्ता भिन्न होते हैं और सृष्टिकर्त्ताओं की यह भिन्नता शास्त्र-निपुण रहस्य को जानने वाले विद्वान् ही जान पाते हैं। हे देवराज! मेरे ब्रह्मलोक में निवास के समय ही कितने ही सर्ग और ब्रह्मा व्यतीत हो गए, उनकी गणना मेरी सीमा के बाहर है। मुझे स्वर्गलोक में आए हुए ही चार मन्वंतर बीत गए हैं और अभी मेरा एक खरब तक के लंबे काल तक यहां रहने का विचार है। इसके पश्चात् ही मैं कर्मभूमि में वापिस लौटूंगा।

अपने पूर्व जन्म का वृत्तांत सुनाते हुए सुधर्मा ने कहा- देवराज पूर्वजन्म में मैं एक मांसाहारी गिद्ध पक्षी था। एक समय की बात थी मैं उड़ते हुए विष्णु मंदिर के ऊपर जाकर बैठ गया। जैसे ही मैं वहां बैठा एक व्याध के तीर से घायल होकर मैं मंदिर के प्रकोष्ठ में जा गिरा। वहां एक कुत्ते ने मुझे अपना भोजन बनाने के उद्देश्य से मुंह में दबोच लिया। मांस के लालची और भी कई कुत्ते उसके पीछे पड़ गए। मुझे मुँह में दबाए हुए वह कुत्ता मंदिर की परिक्रमा करता हुआ बचता हुआ चक्कर काटने लगा। लेकिन हिंसक कुत्तों की अधिक संख्या के कारण मेरा तो प्राणांत हो ही गया। वह कुत्ता भी मारा गया। मेरे मंदिर में गिरने और कुत्ते के मुंह में दबे हुए मंदिर की परिक्रमा करने का सुफल यह हुआ कि अनजाने ही किए गए इस पूजन से श्री नारायण प्रसन्न हो गए और हमें उत्तमोत्तम गति प्रदान की। हे देवराज! जब अनजाने ही किए गए सत्कर्म से इस प्रकार सद्गति हो सकती है तो श्रद्धापूर्वक यदि उनकी भक्ति की जाए तो निश्चय ही परम दयालु श्री नारायण अपना परम पद प्रदान कर देते हैं। वास्तव में जिनके पूर्वजन्मों के फल का उदय होता है उन्हीं के जीवों से ही अज्ञानवश हरि पूजन हो जाता है। यह भी उन्हीं की कृपा है। वे जिसका उद्धार करना चाहते हैं उसे उत्तम कुल में जन्म देकर अनजाने ही उससे अपना पूजन करवा लेते हैं। वे भक्त को आत्म-कल्याण का अवसर प्रदान करते हैं। आगे उसका अपना भाग्य है कि वह उसे हरि-पूजन में नामकीर्तन में प्रयुक्त करता है अथवा विषयभोगों में दुरुपयोग करता है। इस सफल संसार में साररूप श्री नारायण ही हैं। उन्हीं का ध्यान-पूजन करना जीव का कर्त्तव्य और अंतिम लक्ष्य है। इस प्रकार सुधर्मा से श्री विष्णु महाराज की नाम महिमा का गुणगान

सुनकर सभी देवगण, देवराज इंद्र और गुरु बृहस्पति ने उनके प्रति कृतज्ञता प्रकट करते हुए अपने-अपने लोकों को प्रस्थान किया और विष्णु के चरणों में गहन अनुराग के भाव से श्रद्धापूर्वक उनका स्तवन प्रारंभ कर दिया। वस्तुत: श्री विष्णु के चरण कमलों में ही जीवों का कल्याण है और गति है।

नारद जी की जिज्ञासा को देखते हुए युगों की स्थिति और उनके लक्षण बताते हुए सनक जी ने कहा-समय की गति सदा समान नहीं होती है। कभी धर्म की वृद्धि होती है कभी उसमें क्षीणता आ जाती है। इसी आधार पर सत्ययुग, त्रेता, द्वापर, कलियुग का आना-जाना लगा रहता है। ये चारों युग देवताओं के बारह वर्षों के समान होते हैं।

युग का प्रारंभ सत्ययुग से होता है। इसे- कृतयुग भी कहा जाता है। इस युग में सभी प्राणी मन, वचन, कर्म से शुद्ध और पवित्र होते हैं। इनमें भी वर्ण का विभाजन तो होता है किन्तु वेदों का विभाजन नहीं होता। अपनी-अपनी सीमाओं में चारों वर्ण धर्म पर चलते हुए श्री नारायण की भक्ति में लीन रहते हैं। सभी में परस्पर मैत्री, सद्भाव और प्रेम भावना पाई जाती है। सभी लोग सदाचारी होते हैं। ईर्ष्या, द्वेष, क्रोध, मोह आदि दुर्व्यसनों से दूर प्रजाजन श्री नारायण की भक्ति में लीन उत्तम गति पाते हैं। त्रेता-युग में धर्म का वर्ण पांडुर और विष्णु का रंग लाल हो जाता है। इस युग के प्राणी भी यज्ञ-भजन करने, वाले सत्य का पालन करके सत्यव्रती होते हैं। इनमें परस्पर प्रेम, मैत्री और सद्भाव तो होता है लेकिन थोड़े-बहुत क्लेश भी होने लगते हैं क्योंकि यहां धर्म का एक चरण 'सत्य' लुप्त हो जाता है। द्वापर में धर्म द्विपाद रह जाता है और नारायण विष्णु का रंग पीला हो जाता है। वेद चार भागों में विभक्त हो जाता है। लोग मिथ्या भाषण के अतिरिक्त रागी और द्वेषी भी होने लगते हैं। यज्ञादि और हरि पूजन अनुष्ठान स्वर्ग प्राप्ति की कामना के लिए ही किए जाते हैं। धर्म-कर्म भी धन प्राप्ति के लिए अपनाए जाते हैं। लेकिन द्वापर में धर्म और अधर्म दोनों का पलड़ा बराबर रहता है। अधर्म के प्रभाव से संतान माता-पिता के जीवनकाल में ही मृत्यु को प्राप्त हो जाती है। लोगों की आयु घट जाती है और उनमें एक-दूसरे की कमी निकालने की आदत बढ़ जाती है।

कलियुग में धर्म का एक ही चरण शेष रह जाता है। इसलिए इसे तामस-युग भी कहते हैं। इसमें श्री नारायण विष्णु का रंग श्यामवर्ण हो जाता है। धर्म-कर्म करने वालों को लोग पाखंडी मानते हैं। अधर्म के बढ़ जाने से सब ओर अशांति, लूटमार, दुख-दारिद्रय का बोलवाला हो जाता है। लोगों का अंत: करण दूषित हो जाता है।

कलियुग के धर्मों का विस्तार से वर्णन करते हुए सनक मुनि ने कहा- इस युग में सभी वर्ण के लोग अपने-अपने धर्म और नियम से विमुख केवल प्रदर्शन के लिए धर्म का प्रयोग करते हैं। लड़ाई-झगड़ा- कलह, दूसरों की कमियां निकालना, दुष्ट व्यवहार, लोगों के सामान्य धर्म हो जाते हैं। अधर्म वृत्ति के कारण ही रक्त में अशुद्धि उत्पन्न हो जाती है। संतानें वर्णसंकर हो जाती हैं। सच्चाई, पवित्रता, सदाचार और उच्च व्यवहार, दूसरों की संपत्ति का हरण करने और परस्त्रीगमन में जीवन की सफलता मानते हैं। स्त्रियां कामुक और वेश्या प्रवृत्ति की हो जाती हैं। पिता और पुत्र में स्वार्थ का संबंध हो जाता है। मांसभक्षण, मदिरापान, जुआ आम प्रवृत्ति हो जाती है। कुल की सुकन्याएं रूप-सज्जा और वेशभूषा में वेश्याओं का अनुसरण करते हुए किसी भी पुरुष के साथ को स्वीकार कर लेती हैं। गायें बिना दूध की, ब्राह्मण अशिक्षित और साधु-संन्यासी पाखंडी हो जाते हैं। धन ही केवल जीवन का लक्ष्य हो जाता है।

राजा अपने स्वार्थ में लीन शोषक और उद्दण्ड होता है। वह अपने पद का प्रयोग सेवा की अपेक्षा लूट-खसोट में करता है। ये सभी परिस्थितियां कलियुग के बीतते-बीतते बढ़ जाती हैं। लोग विष्णु विमुख, गौ- ब्राह्मण द्वेषी और अधार्मिक होते जाते हैं। नीच वर्ण के लोग धर्मोपदेशक और ज्ञानी बन जाते हैं। ये ही लोग जनता के पथ-प्रदर्शक बनकर धर्म की आड़ में व्यभिचार फैलाते हैं। नैतिक स्तर इतना गिर जाता है कि उच्च वर्ण के लोग निम्न वर्ण की स्त्रियों और विधवाओं से समागम करने के लिए लालायित रहते हैं। रिश्वत-भ्रष्टाचार और भाई- भतीजावाद का बोलबाला हो जाता है। धार्मिक ग्रंथों का स्थान क्षुद्र ग्रंथ ले लेते हैं। लोग पाप में लीन, निर्दयी, विश्वासघाती और अनाचारी होते हैं।

कलियुग में मनुष्य की आयु का अनुपात केवल 16 साल का रह जाता है। यौवन के सात-आठ वर्ष का उपभोग करने के बाद ही आदमी बूढ़ा-सा दिखलाई देने लगता है।

लोग धर्म को केवल सिद्धांत रूप में मानते हैं व्यवहार में उसका प्रयोग कहीं नहीं दिखाई देने लगता है। पाप-वासनाएं इतनी अधिक व्यात हो जाती हैं कि विरले श्रद्धालु का भी सीधा विश्वास नहीं किया जाता। शिष्य गुरु पिता पुत्र तथा पति-पत्नी के सभी संबंध स्वार्थ के रह जाते हैं। सभी अपने धर्म से विमुख पतन की ओर अग्रसर रहते हैं। खाद्यान्न का अभाव हो जाता है अकाल की स्थिति दिखाई देने लगती है। चोर कर्म की प्रवृत्ति से भय बढ़ जाता है असुरक्षा बढ़ जाती है। वैसे तो इस कलियुग में सभी की मति फिर जाती है किन्तु फिर भी श्री विष्णु के भक्त अपने को इससे बचाए रहते हैं।

सत्ययुग में तप, त्रेता में ध्यान, द्वापर में यज्ञ-याग और कलियुग में दान का विशेष महत्त्व है। कलियुग में दोषों के साथ-साथ कुछ विशिष्टताएं भी होती हैं। इसके लिए यह ध्यान रहे कि सत्ययुग में दस वर्ष का अनुष्ठान करने से जो पुण्य लाभ होता है कलियुग में केवल एक दिन-रात में ही इस अनुष्ठान से किया गया सत्कर्म उतना ही सुफलदायक होता है।

सत्ययुग में ध्यान- समाधि से, त्रेता में यज्ञहवन आदि से तथा द्वापर में श्री विष्णु भगवान् के पूजन- आराधन से जो फल मिलता है कलियुग में यह फल केवल हरिनाम के कीर्तन करने से प्राप्त हो जाता है।

यह वृत्तांत विस्तार से सुनाने के पश्चात् सूतजी ने अपने समक्ष बैठे जिज्ञासु महात्माओं को सम्बोधित करते हुए कहा-नारदजी ने सनक मुनि से इस प्रकार प्रबोधित होकर उनके प्रति अनेक प्रकार से कृतज्ञता प्रकट की और पुन: निवेदन किया कि श्री वेदव्यास ने अपने पुत्र को तत्त्व ज्ञान का उपदेश दिया था- वह ज्ञान भी सुनाने का अनुग्रह करें। इस प्रकार नारद की श्रद्धाभक्ति और अनुनय-विनय को देखकर श्री सनकाचार्य ने परम विवेकशील त्याग मूर्ति श्री सुकदेव को जो ज्ञानोपदेश श्री व्यासजी ने दिया था, वह सुनाया।

सनकजी ने बताया-वेदों के छ: अंग होते हैं- शिक्षा, कल्प, व्याकरण, निरुक्त, छन्द तथा ज्योतिष। वेद धर्म के निरूपण के मूल स्रोत हैं। ये चार होते हैं- ऋग्वेद, यजुर्वेद,

सामवेद और अथर्ववेद। जो व्यक्ति वेद और वेदांगों का गुरु द्वारा समुचित अध्ययन करता है उस द्विज को अनूचान कहते हैं।

वेद के अंगों का संक्षिप्त परिचय इस प्रकार है-

1. शिक्षा

स्वर वर्णाद्युच्चारण प्रकारो यत्र शिष्यते उपविश्यते सा शिक्षा- अर्थात् स्वर वर्णादि के उच्चारण प्रकार का शिक्षण उपदेश ही शिक्षा कहलाता है। वेद के मंत्रों के उच्चारण में स्वर तथा वर्ण आदि का विशेष महत्त्व है।

स्वरांतर तीन प्रकार का होता है- आर्थिक, गायिक तथा सामिक। इनमें स्वर शास्त्र का विशेष महत्त्व है तथा विशेष प्रयोग अपेक्षित रहता है।

ऋचाओं में (ऋग्वेद में) एकांतर स्वर, गाथाओं में (यजुर्वेद में) शुध्यंत्तर स्वर, सातों में (सामवेद) त्रयंत्तर स्वर, प्रधान रहता है। इसलिए ऋग्यजु-साम के मंत्रों के उच्चारण में स्वरता के लिए शिक्षा-शास्त्र के ज्ञान का महत्त्व है; स्वरहीन मंत्र से कभी अभीष्ट फल नहीं मिल पाता है, बल्कि कभी-कभी तो स्वरहीन या भंग स्वर का मंत्र यजमान का अनिष्ट तक कर देता है। इतिहास की एक घटना 'इंद्र-शत्रु' तो ज्ञात ही है। इसमें विस्वरता के कारण वृत्तासुर इंद्र पर विजयी न होकर स्वयं इंद्र के हाथों मारा गया। शिक्षा शास्त्र में तान, राग, स्वर, ग्राम और मूर्च्छना के लक्षण निम्नवत् बताए गए हैं-

तान - यह स्वरों का मंडल होता है। यह संख्या में इक्यावन होते हैं।

राग - स्वरों के ग्राम राग कहलाते हैं ये राग मध्यम ग्राम में बीस तथा षड्ज ग्राम में चौदह होते हैं।

स्वर - ध्वनि की उच्च अवच स्थिति का नाम स्वर है इस स्थिति के अनुरूप स्वर सात हैं-

षड़ज, ऋषभ, गंधर्व, मध्यम, पंचम, धैवत तथा निषाद (स रे ग म प ध नि)।

ग्राम - स्वरों की संगति ग्राम कहलाती है। ये तीन होते हैं-

षड़ज, मध्यम तथा गाधार इन तीनों की स्थिति क्रमश: भूलोक भुवलोक और स्वलोक से ऊपर होती है।

मूर्च्छना - स्वरों का उतार-चढ़ाव तथा लय मूर्च्छना है। स्वरों की संख्या के अनुरूप मूर्च्छना के सात भेद हैं-

नदी, विशाला, सुमुखि, चित्रा, चित्रवती, मुखा और बला।

सातों स्वरों में षड़ज-देवों को, ऋषभ-ऋषियों को, गांधार-पितरों को, मध्यम-गंधवों को, पंचम-देवों-पितरों को, निषाद्-यक्षों को, और धैवत-भूतों को विशेष प्रसन्न करता है।

गान के दस गुण इस प्रकार से हैं।

रक्त - वेणु तथा वीणा के स्वरों का एककी भाव करने वाला गुण-रक्त कहलाता है।

वयक्त - पद, पदार्थ, प्रकृति, विकार, आगम, उपकृत, तद्धित, समास, धातु, निपात, उपसर्ग, स्वर, तिगंत, वृत्ति, वार्तिक, विभक्मग, तथा वचनों के सम्यक् उपपादन को व्यक्त कहते हैं।

विक्रष्ट - उच्च स्वर से इस प्रकार उच्चारण करना कि जिससे पद और अक्षर व्यक्त हो जाए। विक्रष्ट्र कहलाता है।

श्लस्या - द्रुत-विलंबित, उच्च-नीच, प्लतु-समाहार, हेलता, लोपन आदि से मुक्तगान -श्लक्षण कहलाता है।

सम - अवाप, निर्वाप प्रदेश में प्रत्यंतर स्थानों का ससास सम गुण है।

सुकुमार - मृदु पदों तथा सरस वर्षों से युक्त गीत सुकुमार कहलाता है।

मधुर - स्वभाव से उपनीत, ललित पदों तथा सरस अक्षरों से युक्त गीत मधुर कहलाता है।

पूर्ण - वेणु, वीणा आदि यंत्रों- स्वरों आदि से सम्पूर्ण गान पूर्ण कहलाता है।

अलकृत - आतारक्त गुणा स पूण एव ावाशष्ट रूप स सुसाज्जत गात अलकृत कहा जाता है।

प्रसन्न - श्रवण के साथ ही श्रोता को मंत्रमुग्ध करने वाला गायन प्रसन्न कहलाता है।

गीति के जहां पूर्वाक्त वर्णित दस गुण होते हैं जहां उसमें चौदह प्रकार के दोष भी होते हैं- शकित, भीषण, भीति, अनुनासिक, काकस्वर, ऊर्ध्वमत स्थान, विवर्जित, विस्वर, विरस, विश्लिष्ट, विषम, आहत, व्याकुल तथा तालहीन- ये दोष हैं।

षड़ज स्वर का प्रयोग मयूर, ऋषभ स्वर का प्रयोग गौएं, गांधार स्वर का प्रयोग अजाविक, मध्यम स्वर का प्रयोग क्रौंच, पंचम स्वर का प्रयोग पिक, धैवत स्वर का प्रयोग अश्व, तथा निषाद स्वर का प्रयोग गज करा सकते हैं। इनमें कण्ठ से षड़ज, सिर से ऋषभ, नासिका से गांधार, उर से मध्यम, उर-कण्ठ-सिर से पंचम, ललाट से धैवत, तथा समस्त संधियों से निषाद् स्वर उत्पन्न होता है।

षड़ज - नासिका, कण्ठ, उरस्थल, तालु, जिह्वा और ओष्ठ इन 68 स्थानों में संश्रय प्राप्त करने के कारण यह स्वर षड़ज कहलाता है। इसको अग्निदेव गाते हैं।

ऋषभ - इस स्वर में नाभि स्थान से उठकर वायु कंठ में और फिर सिर में आकर टकराता है। इसी कारण इसका नाम ऋषभ है। इसे स्वयं ब्रह्मा गाते हैं।

गान्धार - इस स्वर में भी नाभिस्थल से उठता हुआ वायु कंठ से फिर सिर से टकराता है और बाहर निकल जाता है। इसे सोमदेव गाते हैं।

मध्यम - इसमें नाभि से उठी वायु उर तथा हृदय में ही समाहित हो जाती है। इसी कारण इसका नाम मध्यम है। इसे श्री विष्णु जी गाते हैं।

पंचम - नाभि से उठी वायु उर- हृदय- कण्ठ से समाहित होकर वाणी से प्रकट होती है। इसी कारण पांच स्थानों के कारण इसे पंचम कहा जाता है। इसे नारदजी गाते हैं।

धवत - इस स्वर म बुद्धि ग्राम का प्राप्त कर पूव उठ स्वरा का साचत करता ह। इसीलिए इसका नाम धैवत है। इसे तुम्मबुरु द्वारा गाया जाता है।

निषाद - इस स्वर में सभी स्वर आकर निषीदित हो जाते हैं। इसीलिए इसे निषाद कहा जाता है। कुछ विद्वान- धैवत तथा निषाद को छोड़कर शेष सभी को पांच स्थानों में उठा मानते हैं। निषाद को भी तुम्मबुरु द्वारा गाया जाता है।

गान जातियों में वीणा के दो प्रकार पाए जाते हैं। एक काष्ठ रचित दाखी तथा दूसरी गात्र। इनके वादन की विधियां इस प्रकार हैं- वीणा वादन के लिए अपने दोनों हाथों को जानुओं के ऊपरी भाग में पूर्ण संयत करके रखना चाहिए। गुरुदेव का अनुसरण करना चाहिए ताकि वृत्ति स्थिर रहे। प्रारंभ में गायत्री मंत्र या ओंकार का उच्चारण करना चाहिए। इसके पश्चात् गीत प्रारंभ करना चाहिए। स्वर मंदुल का रोपण समस्त उंगलियों में फैलाकर करना चाहिए। उंगली से गत तथा अंगूठे से उंगली का स्पर्श करना चाहिए। अंगूठे के अग्र भाग से नित्य ही मध्यम पर्व का स्पर्श करना उचित रहता है। सत्य कर की अगुलियों से द्विमात्र को इस प्रकार दिखलाना चाहिए कि त्रिरेखा बन जाए तथा सिद्धि का निर्देश हो जाए। इसके लिए साधक के लिए एकाग्रता सर्वाधिक अपेक्षित है अन्यथा सिद्धि संभव नहीं होगी। स्वस्थ, प्रसन्न, निर्भीक भावों से वर्णों का उच्चारण करते हुए साधना कर्म में प्रवृत्त होना चाहिए। ध्यान रहे जिस गति से वर्णों का उच्चारण प्रारंभ किया जाए समापन भी उसी गति से करना अभीप्सित होता है।

इसमें यह स्थिति ध्यातव्य है कि हाथ के उग्र भाग में अपनी दृष्टि संयत करके सच्चे साधक को शास्त्र के अर्थ का चिन्तन करना चाहिए। व्योम में शब्द की गति के अनुरूप ही सामों का गायन चाहिए। जिस प्रकार दही में घी व्याप्त है, काष्ठ में अग्नि व्याप्त है किन्तु इसकी प्राप्ति प्रयत्न पर निर्भर करती है। उसी प्रकार स्वर में गाई श्रुति का अर्थ भी चिन्तन-मनन और ध्यान से ही ग्राह्य हो जाता है। इसी चिन्तन-साधन से ही स्वर में स्पष्टता आती है। शिष्य को साधना के समय गति-वृत्ति विलंबित रखनी चाहिए भले ही स्वर साधना में

द्रुत गति का प्रयोग करें क्योंकि सम्यक रूप से सुविधापूर्वक विधि एवं अर्थ समापन के लिए विलंबित वृत्ति ही अपेक्षित है।

अपने उद्देश्य के लिए समर्पित विद्यार्थी या शिक्षार्थी अपनी लगन से गुरु को ढूंढ लेता है साथ ही साधना के मार्ग में आने वाली किसी भी बाधा की चिन्ता वह नहीं करता। सच्चा साधक-नारी संगति और सस्ते साहित्य से अपने को विरत रखता है। जैसे धरती को कुदाली से खोदने वाला जल का भंडार पा जाता है उसी प्रकार गुरु सेवा और उनकी आज्ञानुसार साधना करने वाला अपने लक्ष्य में सफल होता है।

सामान्यतया शिक्षा-प्राप्ति के तीन उपाय हैं-एक गुरु सेवा द्वारा अर्जित की जाने वाली शिक्षा, दूसरी धन खर्च करके प्राप्त शिक्षा तीसरी एक विद्या दूसरे को सिखाकर दूसरी सीखना। जिसके पास देने को अन्य विद्या नहीं, खरीदने के लिए धन नहीं, उसके लिए गुरु सेवा ही एकमात्र साधन है। जैसे कोई नारी रूपवान होकर भी फलवती नहीं है तो उसका यौवन निरर्थक है। इसी प्रकार गुरु सेवा के अभाव में सीखी गई विद्या भी फलवती नहीं होती। गुरु सदैव अपने शिष्य को अपने से ऊंचे स्वर में देखना चाहता है।

2. कल्प

कर्म की कुशलता पाने के लिए मनुष्य के लिए कल्प ग्रंथों का ज्ञान आवश्यक हो जाता है। चारों वेदों के चार कल्प होते हैं। इनसे नक्षत्रों की गति, यति और स्थिति का ज्ञान होता है साथ ही मंत्रों के ऋषियों, छदों एवं देवताओं का भी ज्ञान होता है। ऋषियों देवों एवं पितरों के तर्पण विधान का भी ज्ञान होता है। यज्ञ संपादन विधि का ज्ञान भी कल्प ज्ञान से संभव है।

अथर्वण वेद के अधिकांश मंत्रों के द्रष्टा अंगिरस ऋषि हैं इसलिए अथर्ववेद का कल्प अंगिरस कल्प कहलाता है। इस कल्प में भगवान् स्वयंभू देव ने अभिचार विधान के अंतर्गत मारक, मोहन, वशीकरण, उच्चाटन, स्तंभन तथा विदूषण-षटकर्मों का और साथ ही पृथ्वी अंतरिक्ष में होने वाले उत्पातों की शांति के उपायों का विधान किया है। यद्यपि

सभी कल्पों का महत्त्वपूर्ण स्थान है किन्तु गुह्य कल्प अत्यंत उपयोगी है। इसका परिचय इस प्रकार है- हे नारद! ॐ तथा अथ शब्द दोनों ही ब्रह्मा के कंठ के भेद के निकलने वाले आदि शब्द हैं इसीलिए किसी भी अनुष्ठान के प्रारम्भ में इनके उच्चारण से कार्य निर्विघ्न समाप्त होने का मार्ग प्रशस्त हो जाता है। यज्ञ से पूर्व पृथ्वी पर कुशा बिछा देनी चाहिए इससे निरीह कीटों की सुरक्षा हो जाती है यज्ञ भूमि गोबर लीप लेना चाहिए अग्नि मिट्टी के पात्र में सुहागवती महिलाओं द्वारा लानी चाहिए। अग्नि को यज्ञ वेदी पर प्रतिष्ठित करने से पहले कुशा से जल लेकर छिड़काव कर लेना चाहिए।

दक्षिण-दिशा में दानवों से रक्षा के लिए ब्रह्मा जी का तथा उत्तर दिशा में यज्ञपात्रों को स्थापित करना चाहिए। ब्राह्मण दक्षिण दिशा में, यजमान पश्चिम में बैठें। यज्ञ में सभी को प्रसन्नचित्त भाग लेना चाहिए। दो अंगुलियां लंबी पवित्रियां, चार अंगुल लंबी छिड़कनी, तीन अंगुल चौड़ी घी की थाली, छः अंगुल चौड़ी चरु की थाली, छः अंगुल चौड़ा सुवा लेने चाहिए। यज्ञ समिधाएं छः अंगुल चौड़ी होनी चाहिए। यज्ञ वेदी को कुशाओं से इस प्रकार ढकना चाहिए कि उन कुशाओं से इंद्र का वज्र, विष्णु का चक्र तथा शिव का त्रिशुल बन जाए। इसके बाद तीन मेखलाओं से युक्त त्रिपाद मृतपात्र मेष पर आरूढ़ -चार सींगों वाले और प्रात : कालीन सूर्य के समान कांति वाला उपवीत, बड़ा कुंडलों से युक्त अग्निदेव का स्मरण करके यज्ञारंभ करना चाहिए। घी, दूध या सामग्री की आहुति हाथ से नहीं देनी चाहिए इसके लिए काष्ठ के खुबे का प्रयोग लाभप्रद रहता है। होम के समय मृगी हंसी और सूकरी मुद्रा को अपनाने का विधान है। अभिचार में सूकरी एवं शुभ कर्म मृगी या हंसी की मुद्राएं अपनानी चाहिए। पुण्य कर्म कोई भी हो कुशाओं को कनकी उंगली में समासक्त रखना चाहिए। यज्ञ अनुष्ठान की निर्विवेक समाप्ति के लिए गणेश पूजा आवश्यक है। ये गणपति सभी बाधाओं को हरने वाले तथा समस्त ऋद्धि-सिद्धि दायक हैं। उनकी पूजा में समारंभ करके कार्य की सम्पन्नता असंदिग्ध है।

अनुष्ठान की निर्विघ्न सम्पन्नता के लिए गणेश पूजन का विधान निम्न प्रकार का होता है-इसमें शुभ दिन सर्वप्रथम स्वयं स्नानादि करके, सफेद सरसों हाथ में रखकर,

ब्राह्मणों से स्वास्तिवाचन कराए। चार स्थानों-अश्वशाला, गजशाला, चौराहे से तथा सांपों की बांबी से मिट्टी लाकर उसमें गोरीचन तथा गुग्गुल मिलाकर तालाब से पवित्र जल लाकर उसमें मिलाएं; गणेश जी की प्रतिमा बनाकर उसे शुभ स्थान पर स्थापित करें, आसन को जल से छिड़काव करके 'ॐ नमः स्वाहा' कहते हुए हवन करें। इसके बाद नैवेद्य माला फूल धूप आदि भेंट करके सिर नवाकर प्रणाम करें। विवाह, गृह प्रवेश, विद्या, अध्ययन आदि शुभ कर्मों के लिए श्री गणेश का स्मरण करने अथवा युद्ध काल में किसी विपत्ति के आने पर गणेश स्मरण से वे सहज प्रसन्न होकर ऋद्धि-सिद्धि प्रदान करते हैं। इसमें इनके द्वादश नामों के स्मरण का बड़ा महत्त्व है- सुमखः, एकदन्तः, कपिलः, गज कर्णकः, लम्बोदरः, विकटः, विघ्नाशः, धूम्र केतुः, गणाध्यक्षः, बालचन्द्रः, गजानन :।

गणेश पूजा के पश्चात् इनके जननीजनक उमा-महेश का पूजन करके समाप्ति पर गुरुदेव को भोजन कराके वस्त्रादि देकर संतुष्ट करें। गणेशजी के साथ सूर्य, चंद्र, मंगल, बृहस्पति, शुक्र, शनि, राहु और केतु का भी यथाविधि पूजन करना चाहिए। इनसे पुष्टि वृद्धि तथा समृद्धि मिलती है। इन ग्रहों की धातु प्रतिमा बनाकर धूप दीप से इनका पूजन करना चाहिए। ग्रह पूजा के बाद मातृकाओं की पूजा करनी चाहिए। ये षोडश मातृकाएं हैं- गौरी, पद्मा, शची, मेधा, सावित्री, विजया, जया, देव सेना, स्वधा, स्वाहा, वैधृति, धृति, पुष्टि, आद्या- ये सभी पूजन से संतुष्ट प्रसन्न होकर भक्त यजमान को आशीर्वाद देकर कृतकृत्य कर देती

यज्ञ कार्य में पितृ श्राद्ध का भी बड़ा महत्त्व है। यह श्राद्ध धन और संतान सुख देने वाला होता है। यद्यपि श्रद्धापूर्वक इसे जब चाहें कर सकते हैं फिर भी अमावस्या, अष्टका, संक्राति, अयन परिवर्तन-काल, चंद्र-सूर्य ग्रहण आदि दिनों में करने से महत्त्व और अधिक बढ़ जाता है। श्राद्ध के अधिकारी को वेदज्ञ, श्रोत्रिय, अर्थवेत्ता, ब्रह्मवादी, तपस्वी, ब्रह्मचारी, आचारवान, माता-पिता का भक्त तथा सत्यनिष्ठ होना आवश्यक है। ये ही श्राद्ध की संपदाएं हैं। जबकि इनसे विपरीत रोगी, विकलांग, नपुंसक, ब्याज खाने वाला, दूसरों की निंदा करने वाला, भ्रष्ट, माता-पिता का द्रोही या शूद्र के गर्भ से उत्पन्न द्विज, श्राद्ध करने के अनाधिकारी माने गए हैं। शुचि पुरुष को श्राद्ध का निश्चय करके एक दिन पहले

हा सब व्यवस्था पूरा करक ब्राह्मण का निमात्रत कर लना चाहिए। इस राज दिन म एक बार ही भोजन करना चाहिए।

इस प्रकार कल्प ग्रंथों के अंतर्गत मध्य सूत्रों में ग्रह निर्माण, कृषिकर्म से संबंधित परंपराओं, रोगों, अपशकुनों के निवारक, ऐंद्रिय जालिक प्रयोगों, भूतापों, सारण की विधियों तथा और्ध्व दैहिक क्रियाओं की जानकारी भी मिलती है जिससे कल्प ग्रंथों का सामरिक दृष्टि से भी महत्त्व बढ़ जाता है।

3. व्याकरण

व्याकरण को वेदों का मुख कहा गया है। इसमें वेद में शब्दों के रूप और उनके सिद्ध प्रयोग का विवेचन मिलता है। इसलिए वेद मन्त्रों के शुद्ध और निष्पन्न रूपों के प्रयोग के लिए व्याकरण का ज्ञान आवश्यक है। कहा गया है- **व्याक्रियन्ते शब्दाः अनेन इति व्याकरणः** अर्थात् व्याकरण शब्द का अर्थ शब्दों की रूप निष्पत्ति है। व्याकरण में संज्ञा रूप- सुबंत (रामः) और धातु रूप-तिङन्त (गच्छति) शब्दों को पद की संज्ञा दी गई है। सुबंत पदों की सात विभक्तियां होती हैं और एक संबोधन होता है। संबोधन रूप निर्विभक्ति होता है। प्रत्येक विभक्ति के तीन वचन-एक, (द्वि) और बहु-होते हैं। विभक्तियों के अनुसार ही कारक हैं, जिनका परस्पर क्रम इस प्रकार से है-

संख्या	विभक्ति	कारक	प्रयोग
1	प्रथम	कर्त्ता	ने
2	द्वितीया	कर्म	को
3	तृतीया	करण	से, द्वारा
4	चतुर्थी	सम्प्रदान	के लिए
5	पंचमी	अपादान	से (पृथक् भाव)
6	षष्ठी	सम्बन्ध	का, के, की
7	सप्तमी	अधिकरण	में, पर

विभक्ति प्रयोग में विश्लेषण के स्तर पर प्रति के लिए द्वितीया, साथ, सार्ध तथा आलम् के लिए तृतीया, नम : स्वस्ति स्वाहा : स्वधा आदि के लिए चतुर्थी। बिना या अलग के

लिए पंचमी। काल और भाव में षष्ठी तथा सप्तमी विभक्तियां लगती हैं। धातु रूप में सिद्धांतों के लिए काल के सूचक दस लकार होते हैं जिन्हें प्रथम, मध्यम तथा उत्तम तीन पुरुषों तथा तीन वचनों में रखते हैं। ये धातुएं परस्मैपदी, आत्मनेपदी तथा उभयपदी तीन प्रकार की होती हैं। वैदिक मंत्रों के लिए व्याकरण संधियों का भी ज्ञान कराता है। ये संधियां तीन प्रकार की होती हैं। स्वर संधि, व्यंजन संधि और विसर्ग संधि। स्वर संधि में दीर्घ, गुण, वृद्धि, पर तथा पूर्व रूप और विपर्यय का तथा व्यंजन संधियों में स्वर और व्यंजन के संयोग से होने वाले परिवर्तनों का तथा विसर्ग में परिवर्तित रूपों-र, स, षु, ओ आदि का परिचय कराया जाता है। व्याकरण में दो प्रकार के शब्द होते हैं- अजंत और हलंत। अजंत भी दो प्रकार के होते हैं- ह्रस्यस्वरांत (अकारांत, इकारांत, उकारांत- पुल्लिंग शब्द) तथा दीर्घ स्वरांत (अकारांत, ईकारांत, उकारांत-स्त्रीलिंग)। हलंत शब्दों का अंतिम अक्षर सूवर विहीन होने से हल होता है।

व्याकरण में पुल्लिंग, स्त्रीलिंग और नपुंसकलिंग तीन लिंग होते हैं। शब्द की रचना धातुओं में प्रत्यय जोड़ने से होती है। जैसे रन् से राम और चुर से चोर आदि। भाववाचक संज्ञा बनाने के लिए ता, त्व, प्रत्यय जोड़ दिए जाते हैं। जैसे वृद्ध से वृद्धत्व कर्मठ से कर्मठता। सभी धातुओं को दस गणों में विभक्त करते हैं। ध्वादि, अदादि, तनादि, तुदादि, चुरादि, स्वादि, क्रयादि, दिवादि, जुहोत्यादि तथा रुधादि। प्रत्येक गण की धातु के साथ एक भिन्न प्रत्यय विशेष लगता है। इन धातु रूपों में निच प्रत्यय लगाकर प्रेरणार्थक क्रिया रूप बनाए जाते हैं। इच्छार्थक रूप बनाने के लिए सन्नत और समअभिहारक रूप बनाने के लिए व्यत् प्रत्ययों का प्रयोग किया जाता है। क्रियाएं दो प्रकार की होती हैं- अकर्मक और सकर्मक। जहां कर्म व्यापार साथ हो वहां क्रिया सकर्मक तथा जहां कर्म व्यापार का अभाव हो वहां क्रिया अकर्मक होती है। जिन क्रियाओं में एक मुख्य एक गौण दो कर्म हों वे द्विकर्मक हो जाती हैं। व्याकरण में तीन वाच्च- कर्तृवाच्च, कर्मवाच्य एवं भाववाच्च होते हैं। आठ समास होते हैं- अव्ययी, भाव, कर्मधारय, तत्पुरुष, द्वन्द्व, द्विगु, बहुबोहि, नव तथा एकशेष का भी व्याख्या विवेचन किया गया है।

इसमें सर्वनाम विशेषण का भी विस्तृत विवेचन मिलता है। इनका ज्ञान भी वेद के पाठ एवं उच्चारण तथा अर्थ के लिए भी बहुत महत्त्वपूर्ण है। अशुद्ध उच्चारण से अर्थ का अनर्थ हो जाता है। इंद्र शुत्र पद में समास की भिन्नता से ही यज्ञ करता वृत्र की वृद्धि न होकर उसका क्षय हो गया। इसीलिए व्याकरण को वेदों का मुख कहा गया है जो सारे शरीर का समान रूप से पोषण करता है।

4. निरुक्त

वेद के इस अंग में शब्दों के विवेचन पर विचार किया गया है। इसमें शब्दों के शब्द तथा अर्थत्व पर भी ध्यान दिया गया है। किसी वस्तु का यह नाम कैसे पड़ा उदाहरणार्थ पक्षी का नाम खग कैसे पड़ा और इस खग शब्द की उत्पत्ति और अर्थ (ख- आकाश में, ग-जाने वाला खग है) क्या है? इन सभी बातों की व्याख्या-विवेचना इस शास्त्र में की गई है। इसी के ज्ञान से मनुष्य प्रवृत्ति के सारे उपादानों से उनकी उत्पत्तिमूलक सार्थकता के साथ परिचय पाता है।

निरुक्त में शब्दों को तीन वर्गों- रूढ़ि, यौगिक और योगारुढ़ में विभक्त करके यह बताया गया है कि शब्द बनने की प्रक्रिया क्या है? कुछ शब्द केवल योगारुढ़ होते हैं उनका अर्थ अन्य पर तो लागू होता है परन्तु उनका प्रयोग उनके लिए नहीं होता। अश्व को अश्व इसलिए कहा जाता है कि वह (असुते अध्वानम्) मार्ग तय करता है। पुराने समय में बैल और गधा और टट्टू भी मार्ग तय करते थे और आज साइकिल मोटर आदि वाहन भी मार्ग तय करते हैं परंतु अश्व शब्द घोड़े के लिए रूढ़ होता था। इसी प्रकार जलज, जलद, गौ, पशु, मनुष्य आदि योगरूढ़ शब्द हैं।

दूसरे प्रकार के शब्द रूढ़ होते हैं। इन शब्दों का उनकी संज्ञाओं पर अर्थ स्पष्ट होता है किन्तु फिर भी वे उनके लिए प्रयुक्त होते है। आज अधिकांश शब्द रूढ़ ही मिलते हैं। शब्द कोश में भी रूढ़ शब्दों की ही अधिकता है।

तासर प्रकार क यागिक शब्द ह जिनका प्रयाग अथ क अनुरूप हाता ह। विद्या निपुण के लिए ही विद्वान धनाढ्य के लिए ही कुबेर का प्रयोग किया जाता है। निरुक्त इस बात से भी परिचित कराता है कि शब्दों की रचना धातुओं से हुई है। धातु ही शब्द का मूल रूप है जो प्रत्यय अथवा उपसर्ग से शब्द का निर्माण करता है। इनमें निम्न पांच प्रयोगों से शब्द रूपों की सिद्धि होती है।

वर्णागम- हिनस्ति (हिंस धातु, ति प्रत्यय, न आगम)

वर्ण विपर्यय- सिंह (हिंस्त्र धातु के वर्णों का उलट फेर)

वर्ण विकार- खल्विदम् (खलु-इदम् में उ का व होना)

वर्णनाश- पूषोदर: (पृषत उदर : त वर्ण का नाश)

वर्ण विकार नाश- भ्रमर: (भ्राम्यति इति भ्रमर:) भामृति क्रिया के भाम्र वर्णों का भ्राम में विकार और आविष्कार।

निरुक्त में सारे शब्द कोश को चार वणों- नाम, आख्यान, उपसर्ग और निपात में रखा गया है। नाम से संज्ञा सर्वनाम और विशेषण का अर्थ लिया जाता है। आख्यान में धातु रूप आते हैं उपसर्ग-शब्द के प्रारंभ में जुड़कर अर्थ को परिवर्तित करने वाले प्रत्यय हैं। इनकी संख्या बीस है- प्र, परा, अप, सम, अनु, अव, निस्,, निर, दुत्, दुर, वि, आङ्, नि, अभि, प्रति, परि, सु, उप, अधि तथा कु। कच= त, प, रि, आदि पर- पूर्ति के लिए प्रयोग में आने वाले निरर्थक शब्द निपात हैं। स्वार्थ में ही निपातों का प्रयोग होता है। बाल-बालक, देव-देवक, नाम-नामक आदि।

शब्दों का यह रूप विवेचन प्रकृति, प्रत्यय, आदेश, लोप तथा आगमों आदि के द्वारा होता है। वास्तव में निरुक्त असीमित-अनंत है और उसे कहने में कोई भी समर्थ नहीं। इसका थोड़ा-बहुत कथन ही संभव है। इस वेदांग के जानने से मनुष्य की न केवल संतुष्टि और, ज्ञान वृद्धि होती है अपितु तत्त्व ज्ञान हो जाने से वह शुद्ध प्रयोग में भी समर्थ हो जाता है।

5. ज्यातिष

ज्योतिष शास्त्र त्रिस्कंध अर्थात् तीन कंधों- जातक, गणित तथा संहिता पर आधारित है। किन्हीं विद्वान व्याख्याकार आचार्यों ने इसके पांच स्कंध माने हैं। गणित स्कंध ज्योतिष का सिद्धांत भाग माना जाता है। इनमें ही जोड़, भाग, बाकी तथा वर्गमूल आदि की व्याख्या व वर्णन मिलता है। इन्हीं के द्वारा ग्रहों को स्पष्ट करने की रीति, देश काल का ज्ञान, सूर्यचंद्र के उदयास्त का ज्ञान, तथा छाया विकार आदि का परिचय मिलता है। जातक को हीरा स्कंध कहा जाता है। इसमें राशियों के भेद का, ग्रहों की जाति, रूप, गुण तथा भेद आदि का, ग्रहों की दृष्टि और फल का, अनिष्ट का, जन्म के समय से विचार करते हुए भाग्य फल आदि का वर्णन मिलता है। ग्रहों की गति, वर्ष का लक्षण, तिथि, दिन, नक्षत्र आदि का योगकरण, मुहूर्त्त, सूर्य का संक्रमण, गर्भाधान, प्रसव आदि सोलह संस्कारों का विधिविधान, ग्रह-प्रवेश आदि का वर्णन संहिता स्कंध में मिलता है।

गणित की चर्चा करते हुए सनक जी ने एक, दस, सौ, हजार, दस हजार, लाख, दस लाख, करोड़, दस करोड़, अरब, दस अरब, खरब, दस खरब, पद्म, दस पद्म, नील, दस नील आदि संख्याओं के उत्तरोत्तर विकास क्रम को बताते हुए कहा कि ये दस के जोड़ से बढ़ती जाती हैं। गुणा में दो संख्याएं होती हैं जिनके बीच (x) का निशान होता है। इसमें एक को गुण्य (पूर्ववर्ती संख्या) और दूसरी को गुणक (उत्तरवर्ती संख्या) कहते हैं।

जहां गण्य और गुणक समान संख्या हों उनका गुणनफल वर्ग कहलाता है। कुछ लोग इसे कृति भी कहते हैं। भाग में भी भाग देने पर जो फल आता है वह भजनफल कहलाता है। समान तीन अंकों का गुणनफल घन कहलाता है।

अभीष्ट संख्या जानने के लिए एक राशि की कल्पना कर लेनी चाहिए। फिर प्रश्न करने वाले के कहने के अनुसार राशि का गुणा या भाग करना चाहिए और फिर जोड़ घटाने पर इससे राशि निकाल लेनी चाहिए। सत्तयुग, त्रेता, द्वापर और कलियुग इन चारों युगों का

मिला हुआ मान तैंतालीस लाख बीस हजार वर्ष बताया गया है। इसके दसवें हिस्से को चार से गुणा करने पर सतयुग की आयु निकल आती है। तीन से गुणा करने पर द्वापर की आयु, दो से गुणा करने पर त्रेता की आयु निकल आयेगी। इसका एक दसांश कलियुग की आयु है। इस प्रकार चारों युगों के इकहत्तर चक्रों का एक मन्वतंर समय समाप्त हो जाता है। यह सारा ज्ञान गणित' ज्योतिष से ही होता है।

सनक मुनि ने मेष आदि बारह राशियां और उनके बारह स्वामियों का वर्णन करते हुए- मेष-मंगल, वृष-शुक्र, मिथुन-बुध, कर्क-चन्द्र, सिंह-सूर्य, कन्या-बुध, तुला-शुक्र, वृश्चिक-मंगल, धनु-गुरु, मकर-शनि, कुम्भ-शनि, मीन-गुरु का परिचय दिया है। इसमें एक राशि के तीस अंश माने गए हैं और पंद्रह अंश के दो होरा। दस अंश के तीन द्रेष्काण। विषम राशियों में पांच-पांच अंश तक मंगल, फिर आठ, सात, पांच अंशों में वृहस्पति, बुध और शुक्र को त्रिशांशेष कहा गया है। सम राशियों में इसका विपरीत क्रम होता है। छः राशियां- मेष, वृष, धनु, कर्क, मिथुन और मकर। ये रात में प्रबल होती हैं। इन्हें सौम्य कहा जाता है। शेष राशियां क्रूर मानी जाती हैं। ये सभी राशियां तीन-तीन के क्रम से पूर्व, दक्षिण, पश्चिम, उत्तर में स्थित हैं। मेष से तुला तक सूर्य, चन्द्रमा, मंगल, बुध, वृहस्पति, शुक्र और शनि उच्च स्थानीय हैं। जिस ग्रह की जो राशि उच्च कही गई है उससे सातवीं राशि उसका नीच स्थान होता है। इस प्रकार ग्रहों का विवरण देते हुए सनतकुमार जी ने कहा-हे नारद! संभोग काल में यदि शुक्र,सूर्य,चंद्रमा तथा मंगल नवें अंश पर हों तथा वृहस्पति केंद्र में या त्रिकोण में स्थित हो तो संतान की प्राप्ति होती है। यदि उस समय मंगल और शनि सूर्य से सातवें स्थान पर हों तो स्त्री के रोगी होने की आशंका रहती है। बारहवें स्थान में पापग्रह हो और क्षीण चंद्रमा और मंगल शनि को देख रहे हों तो स्त्री की मृत्यु हो जाती है। अभिप्राय यह है कि जिस मास में जैसा सबल या निर्बल ग्रह होता है वैसा ही उसका फल होता है। संहिता-स्कंध का परिचय देते हुए मुनि ने कहा-चैत्र से फाल्गुन मास तक मेष से मीन तक ये बारह राशियां आती रहती हैं। चैत्र शुक्ला प्रतिपदा को पड़ने वाला

दिन उस वर्ष का राजा कहा जाता है। इस प्रकार ग्रहों के प्रभाव को देखकर किसी वर्ष के शुभ-अशुभ होने का निर्णय किया जाता है। सूर्य के उत्तरायण की स्थिति देवताओं का दिन और दक्षिणायन स्थिति देवताओं की रात कहलाती है। इसीलिए विवाह यज्ञोपवीत आदि उत्तरायण में ही करने चाहिए।

सत्ययुग का आरंभ कार्तिक शुक्ल नवमी को माना गया है। त्रेता का वैशाख शुक्ल तृतीया को, द्वापर का माघ मास की अमावस्या को, तथा कलियुग का आरंभ भाद्र कृष्णा त्रयोदशी को माना जाता है। ये तिथियां विशेष उत्तम हैं। इनमें संपन्न किया गया धार्मिक अनुष्ठान, पुण्यकर्म विशेष फलदायक होता है। यह भी विचार किया गया है कि शनिवार और सोमवार को पूर्व दिशा की ओर, वृहस्पतिवार को दक्षिण दिशा की ओर, शुक्रवार और रविवार को पश्चिम दिशा की ओर, तथा मंगलवार को उत्तर दिशा की ओर यात्रा नहीं करनी चाहिए।

अनिष्ट का वर्णन करते हुए सनक मुनि ने कहा-आकाश में गंधर्व नगर का दिखाई देना, दिन में तारे दिखाई देना, दिशाओं में धुआँ छा जाना और पेड़ पर सफेद कौए का दिखाई देना आदि अनिष्ट के लक्षण हैं। यज्ञ के लिए भी वेदों में यह विधान है कि ब्राह्मण-वसंत ऋतु में, क्षत्रिय-ग्रीष्म ऋतु में तथा वैश्य-शरद ऋतु में अग्नि का आधीन करें। इसके साथ ही नक्षत्र, तिथि, पक्ष, मास, ऋतु, वर्ष आदि काल के सभी खंडों के साथ यज्ञ के विधान की व्यवस्था है और इन सब का ज्ञान ज्योतिष से ही संभव है। इसीलिए ज्योतिष को वेद-पुराण का चक्षु कहा गया है और गणित-ज्योतिष को सभी वेदांगों का शिरोमणि।

6. छंद

छंदों को वेदों का चरण कहा जाता है। जिस प्रकार बिना चरणों के गति संभव नहीं है उसी प्रकार बिना छंदों के वेद की ऋचाओं का पाठ संभव नहीं। छंदों की इसी महत्ता के कारण ही वेदों को 'छांदस' कहा गया है। ये छंद वैदिक और लौकिक दो प्रकार के होते

हा। वादक म गायत्रा, शक्वरा, आतशक्वरा आाद आत हा। इनका प्रयाग कवल वदा म होता है।

लौकिक छंद भी दो प्रकार के होते हैं- मात्रिक छंद तथा वार्णिक छंद। मात्रिक छंद में उच्चारण में लगे समय के आधार पर गुरु (दीर्घ) तथा लघु (हस्व) की गणना की जाती है। जबकि वार्णिक में गणना वर्णों के (गणों) आधार पर की जाती है। उच्चारण में लगने वाले समय को मात्रा कहा जाता है। इस आधार पर स्वर तीन प्रकार के होते हैं- उदात्त, अनुदात्त तथा स्वरित। उदात्त (हस्व) की एक अनुदात्त (दीर्घ) की दो तथा स्वरित (प्लुत) की तीन मात्राएं होती हैं।स्वरित का प्रयोग वैदिक छंदों में पाया जाता है, लौकिक में इसका प्रयोग विरल ही मिलता है। एक-मात्रा काल को लघु (।) तथा दो-मात्रा काल को गुरु (S) से संकेतित किया जाता है। संयुक्त अक्षर, विसर्ग तथा अनुस्वार युक्त लघु वर्ण की दो मात्राएं मानी जाती हैं।

तीन-तीन वर्णों के समूह को गण कहा जाता है। गण और उनका स्वरूप समझने के लिए एक सामान्य समीकरण है- य मा ता रा ज मा न स लगा-

इसमें	यगण	।	S	S	(एक लघु दो गुरु)
	मगण	S	S	S	(तीन गुरु)
	तगण	S	S	।	(दो गुरु एक लघु)
	रगण	S	।	S	(गुरु लघु गुरु)
	जगण	।	S	।	(लघु गुरु लघु)
	भगण	S	।	।	(एक गुरु दो लघु)
	नगण	।	।	।	(तीन लघु)
	सगण	।	।	S	(दो लघु एक गुरु)

छंद का चौथा भाग पाद (चरण) कहलाता है। इसके उच्चारण को गति तथा उच्चारण में ठहराव को यति कहते हैं। प्रत्येक छंद में प्राय: चार पाद (चरण) होते हैं।

जिन छंदों में चारों चरणों में मात्रा या वर्ण समान होते हैं वे सम छंद, जिनमें असमानता होती है विषम छंद कहलाते हैं। जिनमें प्रथम, तृतीय, समान एवं द्वितीय चतुर्थ चरण समान हों वे अर्द्ध सम छंद कहलाते हैं।

वैदिक छंदों में गायत्री, उष्णिक, वृहती, पंक्ति, त्रिष्ट्रप, जगती, अति जगति, उक्ता, अत्युक्ता आदि आते हैं। लौकिक छंदों में दोहा, चौपाई, सोरठा, उल्लाला, रोला, घनाक्षरी, वसंत तिलका, शिखरिणी, शार्दूलविक्रीडल, मालिनी, द्रुतविलवित आदि आते हैं।

छः वेदांगों का परिचय देने के बाद सनकाचार्य ने कहा- हे विप्र इन वेदांगों का संपूर्ण ज्ञाता अनूचान कहलाता है तथा इन वेदांगों के अध्ययन- श्रवण से ज्ञान से विवेक-वैराग्य तथा तत्त्वबोध की प्राप्ति होती है। इनके ज्ञान के बिना वेद ज्ञान भी अपूर्ण है। इसीलिए कहा गया है- षट् वेदांगों के सहित ही वेदों का अध्ययन तथा ज्ञान करना चाहिए। वास्तव में इनका ज्ञाता अनूचान - शुद्ध-बुद्ध एवं जीवन मुक्त श्रोत्रिय कहलाता है।

मैंने आपको यह बताया था कि जन्म से प्रत्येक व्यक्ति शूद्र होता है किन्तु उपनयन-संस्कार के बाद यज्ञोपवीत धारण करके वह दूसरा जन्म पाता है वह द्विज हो जाता है। जब गुरुकुल में रहकर वह चार वेद छः वेदांग तथा इतिहास, पुराण, न्याय एवं धर्मशास्त्र (चौदह) का विधिवत् ज्ञान प्राप्त कर लेता है तो वह पारंगत विद्वान श्रोत्रिय ब्राह्मण कहलाता है। इस प्रकार जब श्रोत्रिय ब्राह्मण सिद्धांत और व्यवहार में विवेक को समान रूप से अपनाकर सत्यनिष्ठ या आचरणवान बन जाता है उसी को अनूचान कहते हैं; और हे नारद! व्यास पुत्र श्री शुकदेव जी भी अनूचान ब्राह्मण थे। विधि-विधानपूर्वक उनका उपनयन संस्कार हुआ था। गुरु के सानिध्य में सत्य एवं निष्ठापूर्वक अध्ययन किया था। उन्हें स्वयं उनके पिता कृष्ण द्वैपायन व्यास जी ने जो वेद वेदांगों का ज्ञान कराया था, अपने जीवन में उसे व्यवहार रूप में उतार कर सिद्धान्त और व्यवहार में एकरूपता करते हुए वे स्वयं अपने पिता व्यासजी से भी आगे बढ़ गए थे।

एक बार कुछ स्त्रियां यमुना नदी में निर्वसन स्नान कर रही थीं उनके वक्ष यमुना के जल से ऊपर दिखलाई दे रहे थे। संयोग से शुकदेव जी उधर से गुजरे तो वे स्त्रियां बिना

किसी संकोच के उसी प्रकार सामान्य-सा स्नान करता रहा, उन्हें लेशमात्र भी नग्नता का पुरुष के सम्मुख संकोच नहीं हुआ। किन्तु कुछ क्षण बाद ही जब स्वयं वेदव्यास जी भी उधर से गुजरे तो वे कुलांगनाएं लाज-संकोच में सचेष्ट हुई और वस्त्रों से अपने अंगों को ढांपने लगीं।

इस प्रकार उन स्त्रियों के व्यवहार पर वेदव्यास जी को आश्चर्य हुआ। उन्हें यह जिज्ञासा हुई तो उन्होंने उन महिलाओं से पूछा- देवियों! अभी मेरा युवा पुत्र शुकदेव इधर से गुजरा, आपने उससे लेशमात्र भी संकोच नहीं किया, उसी प्रकार उघड़े शरीर से निःसंकोच स्नान करती रहीं। किन्तु, मुझ पिता-समान वृद्ध के सामने लज्जाभाव से-आवरणों से शरीर को ढांपने की चेष्टा कर रही हो। यह क्या कारण है?

उन महिलाओं में से एक ने वेदव्यास जी से कहा-पितामह! आपका पुत्र अनूचान श्रोत्रिय ब्राह्मण है उसकी व्यवहार- बुद्धि में सर्व खल्विदं ब्रह्म हैं। स्त्री-पुरुष का भेद मिट गया है। किंतु आपने अभी यह सिद्धांत व्यवहार रूप में नहीं अपनाया है, इसी कारण आप दोनों के साथ हमारे व्यवहार में अन्तर है। इस प्रकार शुकदेव जी सिद्धांत और व्यवहार में अनूचान ब्राह्मण थे।

अत: हे नारद! सिद्धांत और व्यवहार रूप देना सब से बड़ी बात है। अत: अब आप संक्षेप में शौच आचार को सुनिए-इस विधान को अपना कर तत्त्वज्ञानी ब्राह्मण सही अर्थ में अनूचान ब्राह्मण बन सकता है।

इस प्रसंग में शौचाचार तथा विभिन्न न्यासों के साथ-साथ इच्छित फल देने वाला, कल्याण करने वाले श्री विष्णु नारायण, राम राघवेश, रामकिंकर श्री हनुमान तथा कृष्ण की तांत्रिक पूजा के विधि-विधान को बताते हुए श्री सकनजी ने बताया-शौचाचार शास्त्रानुरूप करने से ही उसकी सार्थकता है। प्रात:काल जिस दिशा की श्वास चल रही हो उसी तरफ का पांव धरती पर रखना चाहिए तथा पृथ्वी को प्रणाम करते हुए- **'विष्णुपत्नी नमस्तुभयं पाव स्पर्श क्षमस्वमे'** प्रार्थना करनी चाहिए। तत्पश्चात् गांव या बस्ती के बाहर जाकर, नैऋत्य कोण बनाकर वहां उपस्थित सभी पितरों, भूतों तथा अन्य जीवों को उस

स्थान का त्यागन के लिए निवेदन करके, हाथों से ताली बजाकर, कपड़े से सिर ढककर, रात्रि के समय दक्षिण की ओर, दिन में उत्तर की ओर मुंह करके चुपचाप मलत्याग कर लें। इसके उपरांत गुदा, हाथ- पैर आदि अंगों को मिट्टी से शुद्ध करें। किसी वृक्ष के पास जाकर उससे अपनी आयु, यश, बल, विद्या प्रदान करने के लिए निवेदन करें। फिर दातुन से मुख की सफाई करें। इसके बाद भगवान के नाम का कीर्तन स्मरण करते हुए किसी जलाशय या कुंए में स्नान मान करना चाहिए। इसमें पहले वहां उस स्थान के देवता को नमस्कार करें, इष्ट मंत्र से शरीर पर मिट्टी मले। फिर नाभि तक जल में प्रविष्ट होकर मल-मलकर स्नान करें। यह बाह्य स्नान करते हुए मनुष्य को चाहिए कि वह अनन्त सूर्यो के प्रकाश से भी अधिक प्रकाशित दिव्य आभूषणों शस्त्रों से सज्जित श्रीनारायण के चरणों से निकली भगवती भागीरथी की धार मेरे ब्रह्मरंध के द्वारा शरीर में प्रविष्ट होकर मुझे परम पवित्र करें ऐसा कहते हुए आन्तरिक स्नान भी करें।

स्नान के पश्चात् प्राणायाम एवं षडंग न्यास करते हुए संध्योपासन करें। रोग की अवस्था में अधमर्षण करके स्वच्छ पवित्र आसन पर बैठकर संध्या स्व-ब्धा उपासना करनी चाहिए। **ॐ केशवाय नमः, ॐ नारायणाय नमः, ॐ माधवाय नमः** इन तीन मंत्रों से तीन बार जल का आचमन लेकर गोविन्दाय नमः, विष्णवे नमः कहते हुए हाथों को प्रक्षालित करें। मधुसूदन एवं त्रिविक्रम का ध्यान करके ओष्ठ मार्जन करें। **ॐ वामनाय, ॐ श्री धराय नमः** कहते हुए मुख तथा दोनों हाथों का स्पर्श **ॐ हृषिकेशाय ॐ पदमनाभाय नमः** कहते हुए पैरों का स्पर्श करें, **ॐ वामोदराय नमः, ॐ सकेर्षनाय नमः** से मुख का, **ॐ वासुदेवाय नमः ॐ प्रद्युमनाय नमः** कहते हुए दायें तथा बायें नथुने का, **ॐ अनिरुद्धाय नमः ॐ पुरुषोत्तमाय नमः** से दोनों नेत्रों का, **ॐ अधीक्षणाय, ॐ नृसिंहाय** से कानों का, **ॐ अछुताए ॐ जनार्दनाय** से वक्षस्थल का, तथा **ॐ हरये नमः, ॐ विष्णवे नमः** से दोनों कंधों का स्पर्श करें। प्रक्रिया में मुख तथा नासिका का तर्जनी उंगली से, नेत्रों कानों का अनामिका से नाभि का, कनिष्ठा से तथा शेष अंगों का अंगूठे से स्पर्श करना चाहिए। इसके बाद मस्तक पर गदा के आकार का सुंदर तिलक भुजाओं पर खडक और चक्र की शक्ल का तिलक लगा लेना चाहिए।

वैष्णव भक्त को गोपी चन्दन से तथा शिवभक्त को अग्निहोत्र की भस्म से तिलक करना चाहिए। इसके पश्चात् यह वैदिक संध्या संपूर्ण करके साधक को तांत्रिक संध्या करनी चाहिए।

तांत्रिक पूजा विधान में जल में तीर्थों का आह्वान करके कुशा से पृथ्वी पर तीन बार जल प्रोक्षण कराके उस जल से सात बार मस्तक का अभिषेक कर लें, इसके पश्चात् प्राणायाम, षडंगन्यास करके बायें हाथ में जल लेकर दायें हाथ से उसे ढककर बीज मंत्र की सहायता से आकाश वायु अग्नि पृथ्वी को अभिमंत्रित करें। तब फिर शेष जल को अभिमत्रित करके निवेदन करें कि (इदा) नाड़ी द्वारा यह जल मेरे अन्तर के सभी मलों का प्रक्षालन करें। इसके बाद अपने इष्टदेव की प्रतिमा स्थापित करके, आचमन आदि करके, गायत्री मंत्र का एक सौ आठ बार जप करें; गायत्री के विविध रूप- ब्राह्मी, रौद्री, काली, पार्वती का स्मरण करके कल्प में वर्णित विधि के अनुसार देव ऋषि एवं पितरों का तर्पण करें। इसके पश्चात् गुरु, गरुड़, नारद, पर्वत, विष्णु, निमठ, उद्धव, दारुक, विषवक्सेन और शैलेय का तर्पण करते हुए सूर्य को अर्घ्य देवें।

अब हवन सम्पन्न करें। इसमें गणेश, महालक्ष्मी और सरस्वती की पूजा करें। श्री विष्णु का ध्यान करके- **ॐ ह्रीं श्री (क्लीं)** बीज मंत्र से संपुटित न्यास करें। अपने बायीं ओर त्रिकोण बनाकर उस पर जल के छींटे दें। चन्द्रमंडप की पूजा करके तीर्थों का आह्वान करें। तब फिर आठ बार प्रणव का उच्चारण करते हुए जल से आचमन करें। शंख को मंत्र पूरित जल से धोकर उसकी स्थापना करें। तीन बार उसका अभिषेक करें। श्री नारायण को पत्र पुष्प, नैवेद्य अर्पित करते हुए पुष्पांजलि से इष्ट देव का ध्यान करें।

इस प्रकार षोडशोपचार द्वारा पूजन आराधना करते हुए- आवरणों, शस्त्रों, वाहनों के सहित इंद्रादि देवों की पूजा करें। इंद्र, अग्नि, यम, निऋति, वरुण, वायु,सोम, ईशान, ब्रह्मा तथा नागराज देवता हैं, ऐरावत, मेढ़ा, भैंसा, प्रेत, तिमि, अश्व, मृग, हंस, कूर्म ये इनके वाहन हैं, तथा वज्र, शक्ति, दंड, खड्ग, पाश, अंकुश, गदा, त्रिशुल, कमल और चक्र इनके आयुध हैं। इस प्रकार पूजन के पश्चात् भगवान की आरती करें। शंख जल से छींटे

दत हुए विष्णु का नामोच्चार करत हुए दडवत् प्रणाम कर। मूलमत्र स वदा का आभषक कर तब अग्नि की प्रतिष्ठा करें। इष्ट देव का स्मरण करते हुए घी की आहुति दें। इसके उपरांत पूजा करें। तब अग्नि का विसर्जन करें योगिनी आदि को बलि दें। भूल-चूक के लिए क्षमायाचना करते हुए मंत्र का उच्चारण करते हुए चरणामृत पान करें एवं यह मंत्र उच्चारित करें-

अकाल मृत्युहरण सर्वव्याधि विनाशनम्।

सर्व पाप क्षय कर विष्णुपादोदक शुभम्।।

सनक मुनि ने श्री राम की पूजा के संबंध में सिद्धिदायक मंत्र और उद्धारक विधि का परिचय देते हुए कहा-इसके लिए वैष्णव सर्वोत्तम है क्योंकि यह गणेश, शिव, सूर्य अथवा दुर्गा के मंत्रों की अपेक्षा अधिक फलदायी है। वैष्णव मंत्र में भी राम मंत्र सबसे अधिक फल देता है- 'रामायनम्' - यह छ: अक्षर का मंत्र सभी पाप आदि का क्षय करके भक्त को मुक्ति प्रदान करने में सहायक है। इस मंत्र के ऋषि ब्रह्मा, छंद गायत्री, देवता स्वयं श्री राम आदि बीज और शक्ति नम : है। इसका विधान इस प्रकार है कि एक-एक अक्षर का ब्रह्मरंध्र भ्रूमध्य हृदय, नाभि, गुह्य तथा चरण स्थान में न्यास करते हुए छ: लाख जाप करें। कमल द्वारा प्रज्वलित अग्नि के साठ हजार मंत्रों से हवन करके ब्राह्मण भोजन कराएं। मूल मंत्र से ही इष्ट देव की मूर्ति बनाकर उसमें देव श्री राम का आहान करें। श्री सीतायै नमः कहते हुए उनके बायें भाग में बैठी सीता की कल्पना करते हुए पूजा करें। इसी प्रकार भगवान् राम के अग्र भाग में धनुष तथा वाम भाग में उनके बाणों की कल्पना करते हुए पूजा करें। इस तरह प्रतिमा प्रतिष्ठित करके अपने हृदय में श्रीराम जी के दरबार का पूरा चित्र मन में बसाकर क्रमश: लक्ष्मण, हनुमान, भरत, सुग्रीव, अंगद, विभीषण तथा शत्रुघ्न आदि की पूजा भी करें। इसमें मानो हनुमान जी राम के चरणों में बैठ स्तोत्र पाठ कर रहे हैं। भरत- शत्रुघ्न चवर झुला रहे हैं, लक्ष्मण छत्र थामे खड़े है। तब फिर कमल के फूल के आठ दलों के अग्र भाग में सृष्टि, जयन्त, विजय, सुराष्ट्र, राष्ट्रपाल, अकोप, धर्मपाल और घुमंत्र एवं बाहरी भाग

में शस्त्रों सहित इन्द्रादि देवों की पूजा करें। इस विधि-विधानपूर्वक पूजा से प्रसन्न होकर श्री राम भक्त का लोक-परलोक में कल्याण करते हैं।

राम जी की पूजा के पश्चात् भक्त चंदन के लिए जाति-फूलों से हवन करने पर राजा वश में हो जाता है। धन-धान्य से परिपूर्ण हो जाता है। विल्व पुष्पों से लक्ष्मी वश में हो जाती है, नील कमल को घी में डुबोकर यज्ञ करने से सभी इच्छाएं पूरी हो जाती हैं। घी - दूध से हवन करने पर दीर्घायु हो जाती है, रक्त कमल से अभीष्ट की सिद्धि होती है। पलाश के फूलों से हवन करने पर मेधा प्राप्त होती है।

जो व्यक्ति एक वर्ष तक राम मंत्र से अभिसिंचित जल का प्रातःकाल प्रयोग करता है वह निश्चित ही महाराजा हो जाता है। अभिमंत्रित भोजन करने से निरोग्य प्राप्त होता है। जिस व्यक्ति को समाज में अधिकारहीन कर दिया गया है वह सत्ताच्यत हो गया है। जो व्यक्ति शाकाहारी रहकर जल में खड़े होकर एक लाख बार मंत्र का जाप करे, बेल-पुष्पों से दस हजार आहुतियां दे वह शीघ्र ही नष्ट अधिकार और सम्पत्ति को पा जाता है। भगवती गंगा के किनारे उपवास करके घी, शर्करा तथा मधु से युक्त कमल के फूलों से राम मंत्र का उच्चारण करते हुए हवन को आहुतियां देने वाला भक्त राज लक्ष्मी का अधिकारी हो जाता है। मार्गशीर्ष माह में केवल फल का आहार ग्रहण करते हुए जल में खड़े रहकर एक लाख बार राम मंत्रों का जाप करने वाला तथा खीर की दस आहुतियां देने वाला भक्त श्री राम के समान ही गुणों वाला तथा यशशील पुत्र-पौत्र वाला सुफल प्राप्त करता है। इसमें 6 अक्षर के मंत्र 'रा रामायनम्' के अतिरिक्त भी अनेक मंत्र राम की ध्यान उपासना के लिए जपे जा सकते हैं- **ॐ रामचन्द्राय नमः** (आठ अक्षर)। **ॐ राम भद्राय नमः** (नौ अक्षर), **रामाय धनुषपाणये नम**ः (दस अक्षर), **ॐ नमो भगवते रामचन्द्राय** (बारह अक्षर), श्री राम जय राम जय जय राम (13 अक्षर), **ॐ नमो भगवते रामाय महापुरुषाय नमः** (अठारह अक्षर)।

हे नारद! भगवान् राम उदार तथा करुणा के सागर हैं। श्रद्धा, सत्यनिष्ठा और समर्पित भाव से भक्ति जाप करने वाले पर वे द्रवित होकर उसे सुफल प्रदान करते हैं।

हे नारद! राम का सच्चा भक्त बनने का एक सरल उपाय राम भक्त हनुमान का उपासना भी है। श्री हनुमान की उपासना का मंत्र है- **हौं हंसफ्रे स्फ्रें हस्त्रौं हंसफ्रे हनुमंते नमः।** इसके ऋषि श्री रामचंद्र हैं, छंद जगती है, हनुमान जी देवता हैं, हस्त्रों बीज एवं हस्को शक्ति है। यह बारह अक्षरों का मंत्र है। इसका मस्तक, ललाट, दोनों नेत्रों, मुख, कंठ, दोनों बाहु, हृदय, कुक्षि, नाभि, गुह्यांग, दोनों जंघा तथा दोनों चरण में (हौं-मस्तक, हंसफ्रे –ललाट, स्फ्रें -नेत्र, हसों-मुख आदि) में न्यास करना चाहिए और जाप करते हुए हनुमान जी का ध्यान करना चाहिए। वे हनुमान करोड़ों उदित सूर्य के समान तेज वाले, सारे जगत को क्षुभि करने की सामर्थ्य वाले, सुग्रीव अंगदादि से सम्मोहित श्रीराम के चरणानुरागी तथा अपने सिंह गर्जन से भयानक से भयानक राक्षसों को पीड़ा पहुंचाने में समर्थ हनुमान जी सुशोभित हैं।

इस विधि से ध्यान आराधना करते हुए मूल मंत्र को बारह हजार बार जपना चाहिए। दूध, दही तथा घी युक्त चावलों की बारह सौ आहुतियां देनी चाहिए। मन में यह कल्पित करके कि हनुमानजी की प्रतिमा वैष्णव पीठ पर प्रतिष्ठित है; उनका आह्वान करें, चरणों में जल प्रवाहित करें, अर्घ्य अर्पित करें, आचमन करें और फिर पूजा आराधना करें। कमल के अष्ट दलों में प्रत्येक दल में राम भक्त, महातेजा, कपिराज, महाबल, द्रोणाद्रिहारक, मेरु पीठार्चन-कारक, दक्षिणाशा, भास्कर तथा सर्वाविघ्न विनाशक नामो से स्मरण करते हुए कल्पना करनी चाहिए। कमल पत्र के अग्र भाग में सुग्रीव, अंगद, नील, जांबुवान, नल, सुषेण, द्विविद तथा मैद की पूजा करें फिर लोक पालो और वज्र आदि शस्त्रों की पूजा करें। सनक मुनि ने कहा-हे नारद! इस विधि-विधान से श्री हनुमान की स्तुति-पूजा-आराधना करने से मंत्र सिद्धि हो जाती है इस प्रकार प्रत्येक रात्रि को नौ सौ मंत्रों के जाप करने का सुफल राजभय तथा शत्रुभय से मुक्ति दिलाता है। प्रात काल से संध्या काल तक नित्य सात दिन और इसी क्रम में संध्या से प्रात: काल तक सात रात्रियों तक निरन्तर जाग्रत रहने हुए श्री भगवान हनुमान जी का बीज मंत्र का जाप करने से सारा जगत सेवक समान हो जाता है वश में हो जाता है। हर प्रकार की विजय व्याधि का नाश, भूत-प्रेत बाधाओं से मुक्ति मिलती है।

श्री राम की पूजा विधि के समान ही श्री कृष्ण की पूजा विधि भी है। इसी प्रकार ही श्री कृष्ण भी मुक्ति और मुक्ति के देने वाले हैं। कृष्ण उपासना के मंत्रों की साधना से जो शक्ति भक्त को प्राप्त होती है- वही शक्ति ब्रह्माजी को सृष्टि रचना में समर्थ करती है। यह मंत्र है- **क्लीं कष्णाय गोविन्दाय गोपीजन वल्लभाय स्वाहा।** यह अठारह अक्षर का मंत्र है। इस मंत्र की अधिष्ठात्री देवी दुर्गा है, इसके ऋषि नारद है। इसका गायत्री छंद है इसके देव-परमात्मा कृष्ण है इसका बीज क्लीं और शक्ति स्वाहा है। इस मंत्र का जाप धर्म, अर्थ, काम, मोक्ष चारों पुरुषार्थ को प्रदान करने वाला होता है। एक श्रद्धालु साधक और भक्त के लिए चाहिए कि वह सिर में ऋषि का, मुख में छंद का, हृदय में देवता का, गुह्य में बीज का और चरणों में शक्ति का न्यास करें।

यह न्यास प्रक्रिया इस तरह की जाती है- **क्लीं कृष्णाय हृदयाय नमः, क्लीं गोविन्दाय शिरसे स्वाहा, क्लीं गोपीजन शिखायै वषट क्लीं वल्लभाय कवचाय हुम्, क्लीं स्वाहा अस्त्राय फट।** इस प्रकार अठारह अक्षरों वाला यह मंत्र क्लीं का प्रयोग इसमें सभी स्थानों में आएगा जिससे प्रत्येक में एक-एक पद में एक-एक अंग का संयोग होगा तथा भिन्न तांत्रिक शब्दों का विधि के अनुसार नमः, स्वाहा, वषट, हुम् तथा फद का प्रयोग होता है।

यह पांच अंगों का न्यास करने के उपरांत हृदय कमल में बारह कला युक्त संयुक्त सूर्य मंडल का, सोलह कला युक्त चन्द्र मंडल का और दस कला युक्त अग्नि मंडल का न्यास करें।

अणिमा आदि अष्ट सिद्धि और श्री भगवान का सान्निध्य प्रदान कराने वाला तथा परम रहस्यमय न्यास जो अत्यंत प्रभावशाली है वह इस प्रकार का होता है- इसमें प्रणव (ॐ कार) आदि व्याहृतियों तथा गायत्री से संपुटित मंत्र का और संपुटित मंत्र से प्रणवादि व्याहृतियों और गायत्री का न्यास करना चाहिए। इसके पश्चात् मातृका से संपुटित मूल का तथा मूल से संपुटित मातृका का न्यास करना चाहिए इस प्रकार ये छः न्यास हो जाते हैं। इन्हें ही प्रौढ़ा न्यास कहा जाता है।

इनका विधि विधानपूर्वक करने वाला साधक भक्त देवों, गन्धर्वों तथा किन्नरों के लिए भी पूज्य हो जाता है। इस प्रक्रिया के बाद **ॐ नमः सुदर्शनाय अस्त्राय फट** कहते हुए दिशाओं में होने वाले उत्पातों का शमन करें।

भक्त को चाहिए कि वह अपने अभीष्ट की सिद्धि के लिए अपने इष्ट देव का इस प्रकार ध्यान करें-सुगंधित फूलों से और फलों से लदे वृक्षों से घिरे यमुना के किनारे कदंब के नीचे बनाई गई स्वर्णिम वेदी और रत्न जड़ी पीठ पर श्याम आभा वाले करोड़ों कामदेवों को अपनी सुन्दरता से लज्जित पराजित करने वाले, करोड़ों सूर्यों की चमक से भी अधिक तेजवाले, खिले कमल के समान सुन्दर नयनों वाले, प्रसन्न मुख श्री कृष्ण गोप-गोपियों से घिरे हुए अपने मधुर-मस्त कर देने वाले, मन को हरने वाले वंशीवादन द्वारा क्या जड़ क्या चेतन सभी को मुग्ध कर रहे हैं। इस प्रकार वीजमंत्र का जाप बीस हजार बार करना चाहिए तथा कमल के फूल की दो हजार आहुतियां देनी चाहिए। इसके बाद-

ॐ क्लीं कृष्णाय नमः श्री कृष्ण शरणम् स्वाहा हूं फट - अठारह अक्षरों के इस मंत्र का पांच लाख बार जाप करना चाहिए और समाप्ति पर रक्त कमलों से हवन करना चाहिए।

मूल मंत्र से वैष्णव पीठ पर मूर्ति का निर्माण कर उसमें श्रीकृष्ण का आह्वान करना चाहिए। फिर षोडशोपचार पूजन करना चाहिए। इसके उपरान्त मुखोष्ट पर विराजित वंशी, वक्षस्थल में वनमाला, कौस्तुत, एवं श्रीवत्स मणियों का पूजन एवं अर्चन करना चाहिए। विभिन्न अंगों में तुलसी दल, कनेर, कमल के फूल अर्पित करते हुए कृष्ण के चार आवरणों- दाम, सुदाम, वसुदाम, किंकणी का कमल के अष्ट दलों में आठ पटरानियों का, अनुभाग में आठ परिजनों का ध्यान करना चाहिए तथा कृष्ण के आठ नाम- कृष्ण, वासुदेव, देवकीनन्दन, नारायण, यदुश्रेष्ठ, वार्ष्णेय, असुरक्रान्त तथा भूभारहारी लेते हुए उनकी पूजा करनी चाहिए। इसके पश्चात् इंद्रादि देवों की, उनके अन्यानेक शस्त्रों की पूजा करनी चाहिए। इसके बाद एक मोटा गोल चिकना आधामीटर ऊंचा एक खूँटा पृथ्वी में

गाड़कर उस पर स दबाकर एक दूसर का हाथ पकड़कर उसक चारा आर चक्राकार रूप में घूमना चाहिए। यही रास है।

इस तरह पूजा समाप्त करके दूध में मधु और घी मिश्रित करके श्रीकृष्ण भगवान को नैवेद्य के रूप में प्रस्तुत करना चाहिए। इसके बाद उसकी परिक्रमा करते हुए अनुष्ठान में हुई भूल-चूक के लिए क्षमा याचना करते हुए उन्हें अभिवादन एवं स्तवन से प्रसन्न करना चाहिए और फिर पूज्य ब्राह्मणों को श्रद्धापूर्वक भोजन जमाकर दान व दक्षिणा प्रदान करते हुए प्रसन्न मन से विदा करना चाहिए।

कृष्ण जी की यह पूजा अर्चना जो भक्त विधिपूर्वक श्रद्धा के साथ सम्पन्न करता है वह संसार में सभी सुख-वैभव से उपक्रम करते हुए विष्णु लोक में गति पाता है तथा नित्य आनन्द का उपभोग करते हुए मोक्ष का अधिकारी हो जाता है।

श्री सनक मुनि द्वारा दिए गए उपदेश स्वरूप यह परम पवित्र और बौद्धिक आख्यान सुनकर श्री नारदजी कृतकृत्य हो गए। मुनि लोग अपने-अपने भाइयों सहित शिवलोक को प्रस्थान कर गए जहां परम तेज पुरुष, भूतनाथ भुवनेश्वर श्री शिवशंकर भोलेनाथ को प्रणाम करते हुए वे ब्रह्मलोक को चले गए। यहां भी कुछ समय चिन्तन आदि में समय व्यतीत करके वे भ्रमणशील मुनि वदरी वन में आ गए।

यहां ये सनकादि मुनि कृष्ण के ध्यान में लीन होकर तपोरत हो गए। इसके प्रभाव से उनके मन में परम दिव्य ज्ञान का प्रवेश हो गया। तब वे परमानन्द प्राप्त किये हुए अपने पिता ब्रह्मा के पास लौट गए। इस समय ब्रह्मा ने अपने तपसिद्ध पुत्रों का बड़ी प्रसन्नतापूर्वक स्वागत किया।

अपने जिज्ञासु शिष्यों को यह वृतांत सुनाते हुए श्री सूत जी ने बताया कि सनकादि मुनियों द्वारा प्रबोधित नारद जी ने सनकादि मुनियों को प्रणाम किया। अपनी कृतज्ञता दर्शायी और फिर वे कैलाश पर्वत पर चले गए जहां अज्यूत भगवान शकर का उन्होंने बहुविधि गुणगान करते हुए अश्विन्दन-वन्दन किया।

अपनी समाधि से उठे भगवान शिव ने नारदजी से कुशल मंगल पूछते हुए सनकादि ऋषियों द्वारा ज्ञान का सार सुनाने का अनुरोध किया। शिवजी की ऐसी मनोइच्छा देखते हुए नारद जी ने जैसा सुना था वैसा ही शिवजी को सम्मुख कह सुनाया। यह वृत्तांत शिवजी के भक्तों ने भी सुना। उनके सेवकों ने भी सुना। उन्हें भी इस पूरे वृत्तांत में दिव्य सुख का अनुभव हुआ।

हे ऋषियों! यही नारद पुराण है जिसे आप किसी देव मंदिर में किसी पुण्य तीर्थ स्थल में (मथुरा, वृन्दावन या पुष्कर आदि में) अथवा किसी पवित्र अवसर पर सुनने-पढ़ने से सम्पूर्ण यज्ञ के सम्पादन तथा तीर्थों की यात्रा का फल अनायास ही प्राप्त हो जाता है।

यदि कोई भक्त सदाचार के साथ व्रत नियमों का पालन करते हुए नारद पुराण को श्रवण करता है तो वह महादान के फल का अधिकारी हो जाता है सभी पापों का नाश हो जाता है, धन-धान्य से समृद्धि मिलती है और ज्ञान का अभार मिल जाता है। यहां तक कि जो सुख देवों का भी दुर्लभ है नारद पुराण श्रवण से वे भी संभव है।

इस नारद पुराण के साधक का यह मुख्य धर्म हो जाता है कि वह पुराण वाचक ब्राह्मण को श्रद्धापूर्वक दान दक्षिणा आदि देकर संतुष्ट करें।

यह धर्म, अर्थ, काम, मोक्ष दिलाने वाली मंजूषा है।

इस प्रकार सूत जी ने ऋषियों ने अनुग्रह पर यह परम पुनीत सर्वकष्ट निवारक, सर्वसुख प्रदाता पुराण सुनाकर उन्हें कृतकृत्य किया। शौनकादि मुनियों ने श्री सूत जी का भाव-विभोर होकर अभिनन्दन किया। सूत जी महर्षि व्यास जी के अंतेवासी शिष्य थे, अत: पुन: गुरु सेवा में प्रस्थान कर गए। शौनकादि मुनि सूत जी द्वारा वर्णित नारद पुराण के अनुसार श्री नारायण की सेवा में जीवन समर्पित करने के भाव से प्रवृत्त हो गए। वस्तुत: श्री वेद व्यास जी ने इस परम-पुनीत नारद पुराण में प्रवृत्ति और निवृत्ति का जिस प्रकार सार गर्भित एवं विस्तृत विवेचन किया है वैसा अन्यत्र दुर्लभ है।

ब्रह्मा ने यह ज्ञान अपने पुत्रों सनकादि मुनियों को दिया था। सनकाचार्य ने सुपात्र जानकर यह पुराण देवर्षि नारद को कह सुनाया। नारद जी ने यह पुराण श्री वेदव्यास जी

को कह सुनाया। वेदव्यास जी ने इस पुराण को अपने अन्तेवासी शिष्य श्री सूतजी को सुनाया और सूतजी ने जिज्ञासु शौनकादि ऋषियों को इसका आदेश किया।

ब्रह्माजी का विश्वास है कि जो भी व्यक्ति पुरुष या स्त्री, जिस मनोभाव से, अनिवांछा से इस पुराण को सुनता है उसकी वह कामना पूर्ण होती है।

यं यं कामंम् अभिध्यायत् नरः नारी अथवादरात्

श्रृणति श्रावयते वादि तं तं प्राप्नोति निश्चितम्

अत: इस पुराण का श्रवण श्री नारायण में श्रद्धापूर्वक अनुरक्ति से मनुष्य अपने जीवन को सफल काम करता हुआ मुक्ति का अधिकारी हो जाता है, ज्ञान विज्ञान सम्मत परम पवित्र यह पुराण ग्रन्थ सभी ग्रन्थों में परमोत्तम, परम ग्रंथ एवं परम श्रद्धास्पद है।

जिस प्रकार नदियों में गंगा, तीर्थों में पुष्कर, पुरियों में काशी, पर्वतों में मेरु, देवों में नारायण श्रेष्ठ हैं और युगों में सत्ययुग, धनुओं में कामधेनु, वेदों में सामवेद, मनुष्यों में विप्र, खाद्यों में अन्न, पेय में जल, मार्गों में राजमार्ग, पशुओं में सिंह आदि अपनी-अपनी जातियों में श्रेष्ठ हैं उसी प्रकार पुराणों में **नारद पुराण** श्रेष्ठ है, इसका पठन एवं श्रवण उपकारी है।

***

व्यक्तित्व विकास
अच्छा इंसान सफल विजेता कैसे बने
शशिकांत सदैव
डेल कारनेगी
लोक व्यवहार
टॉपर्स के टॉप टिप्स
टॉपर बनना न तो मुश्किल है, न ही नामुमकिन
डेल कारनेगी
चिंता छोड़ो सुख से जियो
कहानियाँ जो जीना सिखाएं
जे.पी.एस. जौली
कहानियाँ जो राह दिखाएं
सुख, समृद्धि और सफलता की पारसमणि
जे.पी.एस. जौली
मैनेजमेंट एवं कॉरपोरेट गुरु चाणक्य
डॉ. उज्जवल पाटनी
सफल वक्ता सफल व्यक्ति
सफलता पाने की 8 शक्तियाँ
सफलता की नई तकनीक
टाइम मैनेजमेंट
आप और आपका व्यवहार
सूर्या सिन्हा
सोच बदलो सफलता पाओ
क्या है नेटवर्क मार्केटिंग जानिए
सूर्या सिन्हा
जीत लो ख्वाबों को
हार के बाद ही जीत है
डायमंड बुक्स
X-30, ओखला इंडस्ट्रियल एरिया, फेज-II नई दिल्ली-110020 फोन : 011-40712200
ई-मेल : sales@dpb.in Shop online at www.diamondbook.in